서포트 벡터 머신과 제조 응용

Bigdata Intelligence

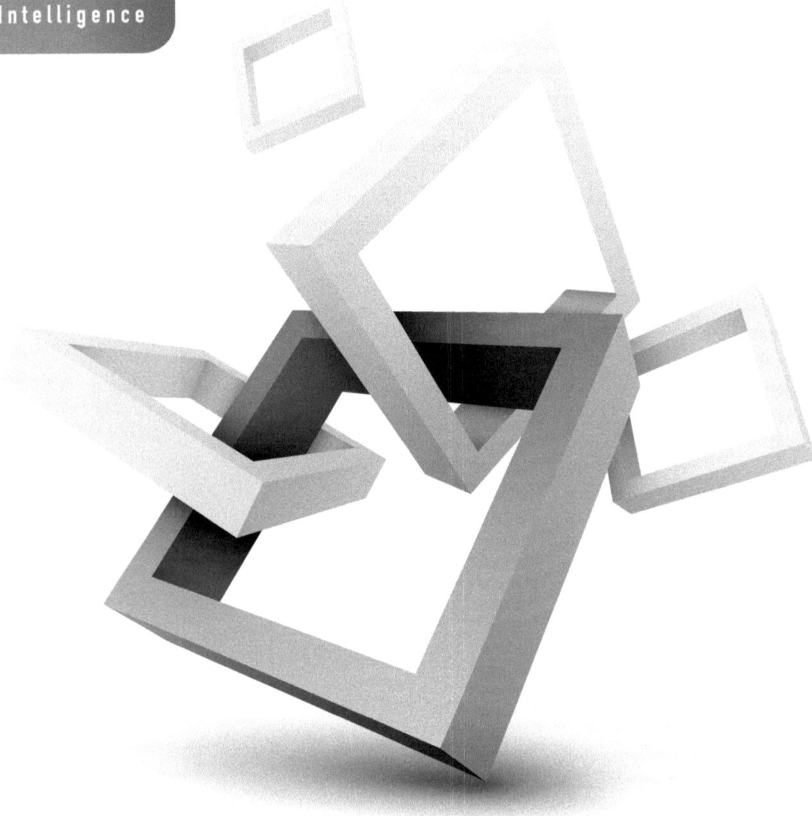

서포트 벡터 머신과 제조응용

김창욱 | 윤휘건 지음

카오스북
CHAOS BOOK

서포트 벡터 머신과 제조응용

펴낸날	2015년 5월 20일 초판 1쇄
지은이	김창욱, 윤휘건
펴낸이	오성준
펴낸곳	카오스북
주소	서울시 서대문구 연희로 77-12, 505호(연희동, 영화빌딩)
출판등록	제25100-2015-000037호
전화	031-949-2765
팩스	031-949-2766
홈페이지	www.chaosbook.co.kr
편집	디자인 콤마
정가	9,000원
ISBN	978-89-98338-79-4 93000

머리글

요즘을 흔히 빅데이터 시대라고 부른다. 그만큼 데이터가 중요하다는 얘기이다. 그럴 만도 한 것이 산업 현장에서 수많은 기계에 부착된 전자 장비와 센서는 매일 거대한 양과 다양한 종류의 데이터를 생산하고 있고 이러한 빅데이터는 현 제조 방식의 흔적이므로 이로부터 현 방식을 개선할 수 있는 가치 있는 지식을 데이터 마이닝 기법을 이용해서 추출할 수 있다면 더 경쟁력 있는 제조 방식을 만들어 낼 수 있기 때문이다. 하지만 아직까지 데이터 마이닝 기법을 성공적으로 산업 현장에 응용한 경우를 찾기란 쉽지 않다. 저자는 그 이유를 현업과 이론의 괴리에서 찾는다. 현업 종사자는 도메인에 대한 풍부한 지식을 갖고 있지만 이론 위주의 데이터 마이닝 서적으로부터 스스로 문제를 풀 수 있는 적절한 모델을 찾고 이해하기란 쉬운 일이 아니다. 이런 맥락에서 이 책은 현업에서 많이 사용되는 데이터 마이닝 기법인 SVM(Support Vector Machine)을 수학적 설명과 더불어 그림을 이용해 개념 위주로 소개한다. 더불어 데이터 마이닝의 중요한 전처리 과정인

변수 선택 기법으로 주성분 분석과 SVM-RFE 기법을 다룬다. 마지막으로 이 책은 반도체 공정에서 실시간으로 불량 가공 여부를 판별하는 FDC(Fault Detection and Classification) 문제에 SVM기법을 적용하는 사례를 R코드와 함께 소개하여 현업 종사자가 SVM을 현장 문제에 적용하도록 돕는다.

2015년 3월

김창욱

차례

제 1 장

SVM 개요

1.1 SVM 개요

SVM은 Support Vector Machine의 약자로 산업 내 빅데이터 분석에서 사용되는 알고리즘이다. SVM에 대해 살펴보기 전에 빅데이터 분석을 포함하는 상위 개념으로서의 통계적 분석을 알아보기로 한다. 통계적 분석을 쉽게 이해하기 위해 한 가지 예로, 소개팅을 나가는 한 남성이 주변 친구들에게 조언을 구하는 상황을 생각해 보자. 그는 여러 친구들에게 어떤 의상을 입고 나가야 하는지 어떤 음식점을 가야 하는지 정보를 구했고, 그 때 만난 여성과 만남이 계속 이루어졌는지의 성공 실패여부를 확인했다. 아래 [그림 1.1]은 의상 구매와 식사에 소요된 비용을 돈으로 환산하여 그래프에 나타낸 결과이다.

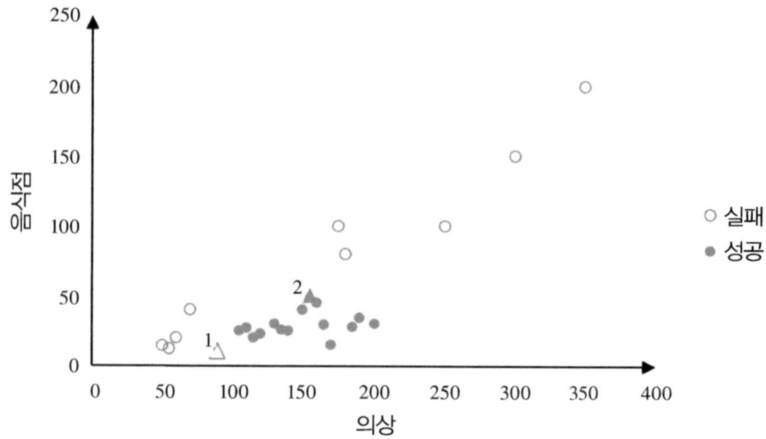

그림 1.1　의상과 음식점에 따른 소개팅 성공 여부 (단위: 천원)

가로 축은 의상, 세로 축은 음식점을 뜻하며, 빈 동그라미는 소개팅이 실패한 경우, 색칠된 동그라미는 소개팅한 여성과 만남이 더 이루어진 경우이다. 즉, 1번 세모는 입고 간 의상이 9만원, 음식점에서 1만원을 썼을 때, 소개팅한 여성과의 만남이 다시 이루어지지 않았음을 뜻하고, 2번 세모는 입고 간 의상이 15만원, 음식점에서 5만원을 썼을 때, 소개팅한 여성과의 만남이 다시 이루어졌음을 의미한다.

통계적 분석에서는 알고자 하는 결과에 영향을 미치는 요소인 의상과 음식점을 독립변수라 부르고 문자로는 X로 표현한다. 독립변수의 수는 한 개이거나 여러 개가 있을 수 있다. 위의 예와 같이 독립변수가 여러 개 있는 경우, 각각을 X_1, X_2로 나타낼 수 있다. 의상을 X_1, 음식점을 X_2라 할 수 있다. 소개팅한 여성과 만남이 계속 이루어졌는지 여부는 종속변수라 부르고 문자로는 *Y*로 표현한다. 통계적 분석의 목적은 여러 개의 독립변수를 통해 종속변수를 예측하는 것이다. 즉, 위의 예에서 어떤 의상을 입고 어떤 음식점을 가야 소개팅이 성공하는지 또는 실패하는지를 알아보고 싶을 때 통계적 분석을 사용하는 것이다. 어떤 의상과 어떤 음식점을 선택해야 되는지에 관해서는 SVM에 대해 논의한 후에 알아보도록 하자. 추가적으로, 위의 그림에서 각각의 점들은 서로 다른 친구들에게 받은 정보이며, 의상, 음식점, 소개팅 성공 여부로 이루어져 있다. 독립변수(의상, 음식점)와 종속변수(소개팅 성공 여부)로 이루어진 각각의 점들을 데이터라고 부른다. 위의 그림에서 25개의 점들이 있으므로, 총 25명의 친구에게서 데이터를 받은 것이다.

이제 SVM으로 돌아가보자. SVM이란 종속변수들을 잘 구분할 수 있는 직선 또는 평면을 찾는 것이다. 위의 예에서, 색칠된 동그라미와 빈 동그라미를 구분할 수 있는 직선은 [그림 1.2]와 같다.

즉 SVM을 개략적으로 설명하자면, 종속변수에 두 개의 범주가 있을 때 가능한 멀리 두 집단으로 분리시키는 알고리즘이다. '가능한 멀리' 분리시키는 개념은 1.2절에서 다룬다. 위의 예에서는 두 직선 사이에 있는 집단과 두 직선 바깥에 있는 집단으로 분리가 된 것을 확인할 수 있다. 두 직선 사이에 있는 경우 소개팅이 성공한다는 것을 알 수 있다. [그림 1.3]에서와 같이 직선의 기울기가 음식점 축과 평행하다면, 음식점 축은 소개팅 성공 여부에 영향을 미치지 않았을 것이다.

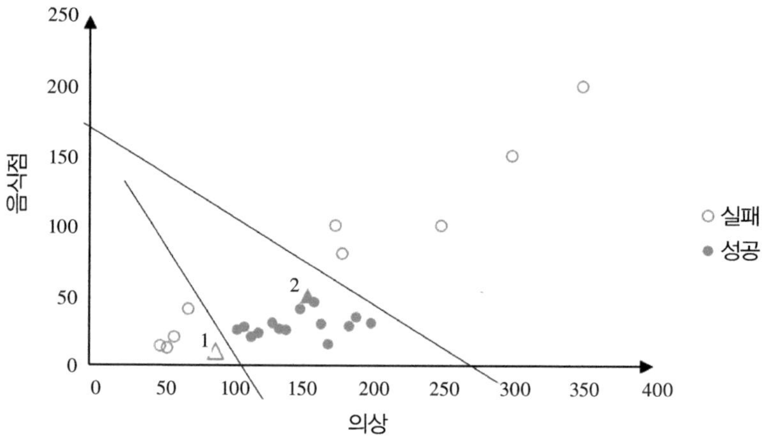

그림 1.2 **SVM 개요**

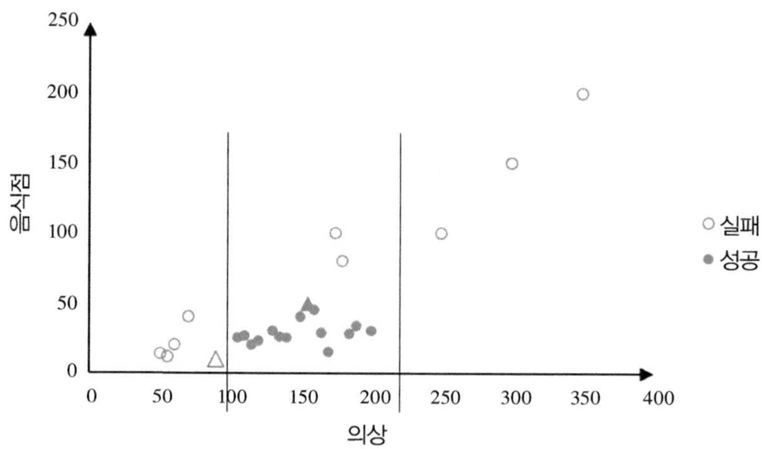

그림 1.3 **SVM에서 직선이 축과 수직일 때의 예시**

쉽게 말해 소개팅 성공 여부는 의상에만 상관이 있고, 음식점과는 상관이 없는 경우이다. 하지만 예시의 경우, [그림 1.2]와 같이 직선과 축이 평행하지 않다. 따라서, 소개팅 성공 여부는 의상과 음식점 모두에 상관이 있고, 의상과 음식점에 소요된 비용이 부족하지도 과하지도 않았을 때 소개팅이 성공했음을 알 수 있다.

[그림 1.2]에서 두 개의 직선으로 종속변수인 소개팅 성공 여부를 나누었지만 사실 SVM에서는 하나의 초평면(hyperplane)으로 두 개의 종속변수를 나눈다. 종속변수가 2차원 이하인 경우에는 직선으로 나눌 수 있지만, 3차원 이상이 되면 직선으로 두 집단을 나눌 수 없다. 따라서, 3차원 이상에서는 직선이 아닌 초평면을 통해 나누게 된다. 초평면이란 다차원에서 공간을 두 그룹으로 나누는 평면이다. 그렇다면, 위와 같은 경우에서는 어떤 초평면으로 나누어야 할까? 간단하게 얘기하면 [그림 1.4]와 같이 직선이 아닌 타원으로 분류하면 될 것이다. 이는 비선형 SVM으로 커널 함수를 이용한다. 더 자세한 사항은 1.3장에서 논의해보도록 한다.

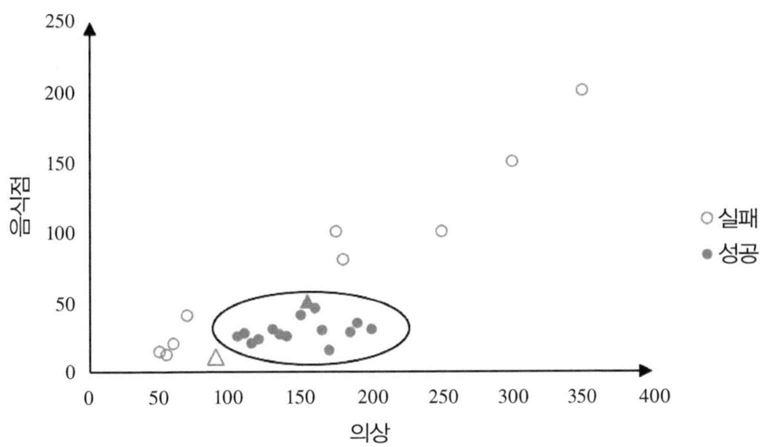

그림 1.4 비선형 SVM 예시

1.2 선형 SVM 알고리즘

1.2.1 선형 SVM 개념

SVM 알고리즘은 복잡한 수학적 지식을 기반으로 만들어진 알고리즘이다. 하지만, 여기에서는 수학적 지식을 최대한 배제하고 SVM이 어떻게 이루어지는지 살펴보고자 한다. 앞서 말했듯이, SVM은 종속변수가 두 개의 범주가 있을 때, 가능한 멀리 두 집단으로 분리시키는 알고리즘이다. 종속변수가 두 개를 초과하는 경우에도 새로운 방법이 개발되었지만, 이 책에서는 종속변수가 두 개인 경우만을 다루기로 하자. SVM의 정의로 돌아가서, 과연 '가능한 멀리' 두 집단으로 분리시킨다는 것은 어떤 의미일까? 이해를 돕기 위해 아래의 예시를 보자. X_1, X_2의 독립변수가 있고, 두 종류의 값(−1과 1)을 가지는 종속변수가 있다고 하자. −1은 색칠되지 않은 데이터, 1은 색칠된 데이터를 뜻한다.

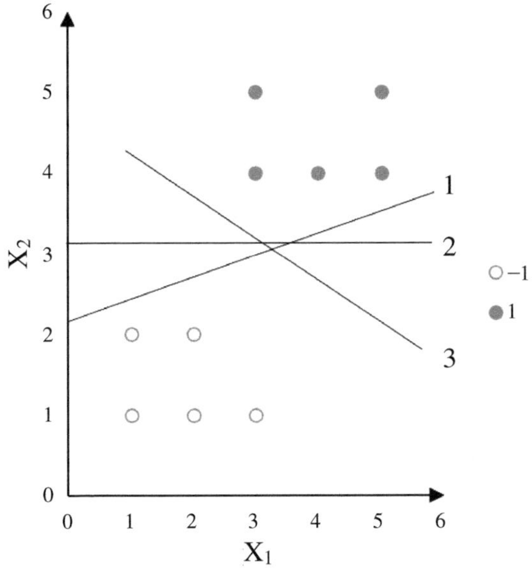

그림 1.5 두 집단으로 분리시키는 예시

[그림 1.5]에서 볼 수 있듯이 두 집단으로 분리시키는 직선은 무수히 많다. 1, 2, 3번 직선 중 어느 직선이 두 집단을 가장 잘 나누는 것 같은가? 결론부터 말하자면 3번 직선이 두 집단으로 가장 잘 분류했고, 1번 직선이 분류를 가장 못했다. [그림 1.5]에서 1번 직선과 데이터들과의 거리가 3번 직선과 데이터들과의 거리보다 짧은 것을 볼 수 있다. 3번 직선과 같이 직선과 데이터와의 거리가 길면 그만큼 여유 공간이 있는 것이기 때문에 잘 분류했다고 볼 수 있다.

각 경우에 대해 마진(margin)을 살펴보면서 SVM에서 초평면을 구하는 원리에 대해 알아보자. [그림 1.6]에서 직선 1은 초평면이고, 나눠진 두 그룹 각각에서 초평면과 가장 가

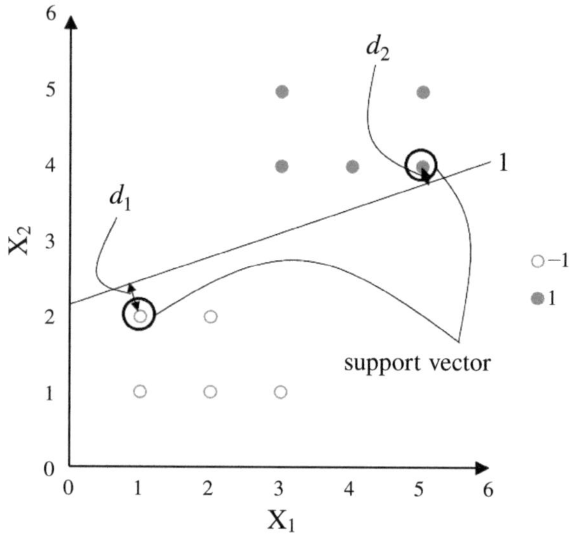

그림 1.6 **그림 1.5의 1번 예시**

까운 데이터를 support vector라 한다. 동그라미로 표시된 데이터들이 초평면과 가장 가깝기 때문에 support vector가 되고 d_1과 d_2는 각각의 support vector에서 초평면까지의 거리이다. 이때 마진이란 d_1과 d_2 중 작은 것을 의미하고, SVM에서는 이 마진을 최대화하는 초평면을 찾는다. 즉, SVM은 마진을 최대화하는 초평면을 찾는 알고리즘이다. 따라서, '가능한 멀리' 두 집단을 분리시킨다는 것은 마진을 최대화한다는 것을 의미한다. 2번 직선과 3번 직선에 대해서도 마진을 구해보면 [그림 1.7]과 같다.

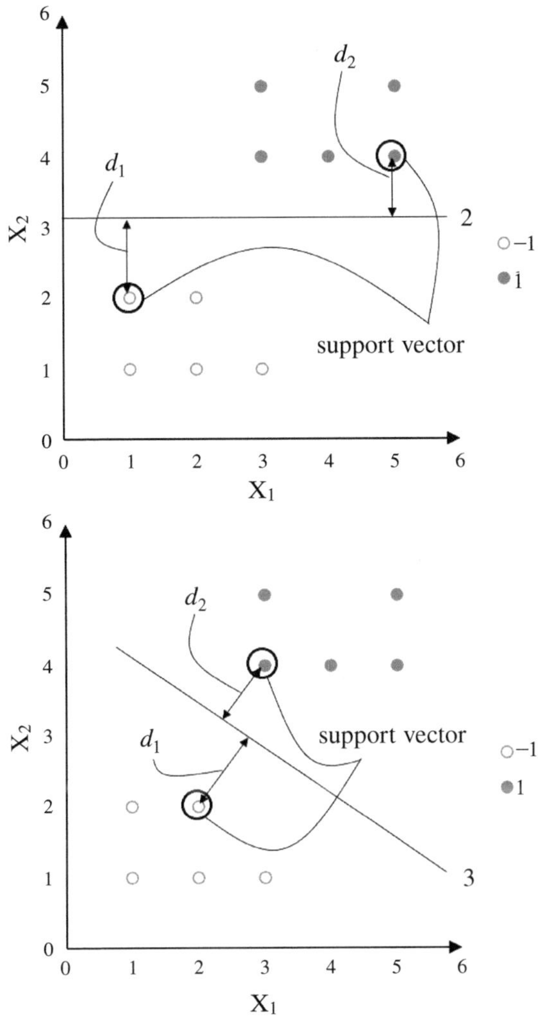

그림 1.7 **그림 1.5의 2번(위)과 3번(아래) 예시**

1, 2, 3번 예시에 대해 마진을 계산하면 0.31, 1, 1.06으로 3번 예시의 마진이 가장 큰 것을 알 수 있다. 현재 예시의 데이터에 SVM을 적용하여 초평면을 구하면 초평면은 3번 직

선이 되고, 이때의 마진은 1.06이다. 한편 현재 예시의 데이터는 독립변수와 종속변수를 모두 가지고 있다. 예를 들어 [그림 1.7]의 우측 그림에서 아래쪽 support vector 데이터는 X_1이 2, X_2가 2, Y는 −1이고, 위쪽 support vector 데이터는 X_1이 3, X_2가 4, Y는 1이다. 1.1절 첫 단락에서 언급했듯이 X_1, X_2는 독립변수, Y는 종속변수이다. 이처럼 초평면을 찾은 현재 예시의 데이터에 독립변수만 가지고 있는 새로운 데이터가 추가된다면 종속변수를 예측할 수 있다. 만약, X_1이 4, X_2가 1인 데이터라면 이 데이터는 3번 직선 아래에 위치하게 된다. 따라서, 이 데이터의 종속변수는 −1이라고 예측할 수 있다. 반대로, X_1이 4, X_2가 6인 데이터라면 3번 직선 위에 위치하므로 이 데이터의 종속 변수는 1이라고 예측이 가능하다.

1.2.2 선형 SVM 이론

이 절에서는 선형 SVM에 대해서 수학적으로 접근해보고자 한다. SVM 모형을 수학적으로 정의하기 전에 초평면에 대해서 알아보고자 한다. 초평면이란 n 차원의 공간에서 공간을 이등분할 수 있는 $(n-1)$ 차원의 평면을 말한다. 예를 들어, 2차원의 공간에서의 초평면은 1차원(직선)이 되고, 3차원의 공간에서 초평면은 2차원(평면)이 된다. 이러한 2차원에서의 초평면은 직선이므로 이를 식으로 표현하면 (식 1.1)과 같고, 이를 다른 방식으로 쓰면 (식 1.2)와 같다.

$$ax + by + c = 0 \qquad \text{(식 1.1)}$$

$$\beta_0 + \beta_1 X_1 + \beta_2 X_2 = 0 \qquad \text{(식 1.2)}$$

이때 a, b, c, β_0, β_1, β_2는 회귀계수(parameter)이다. 회귀계수는 회귀 분석의 결과로서 독립변수들의 관계 및 영향력을 나타내는 계수이다. (식 1.1)에서는 $x - y$ 평면에서의 직선을 나타냈다면, (식 1.2)에서는 $X_1 - X_2$ 평면에서의 직선을 나타낸 것이다. (식 1.1)에 어떤 점 (x_1, y_1)을 대입했을 때, 위의 식을 만족한다면 그 점이 초평면(직선) 위에 있음을 뜻하고, 위의 식을 만족하지 않는다면 그 점이 초평면(직선) 밖에 있음을 뜻한다. 초평면을 $2x + 3y - 6 = 0$일 때를 예로 들면 [그림 1.8]과 같다.

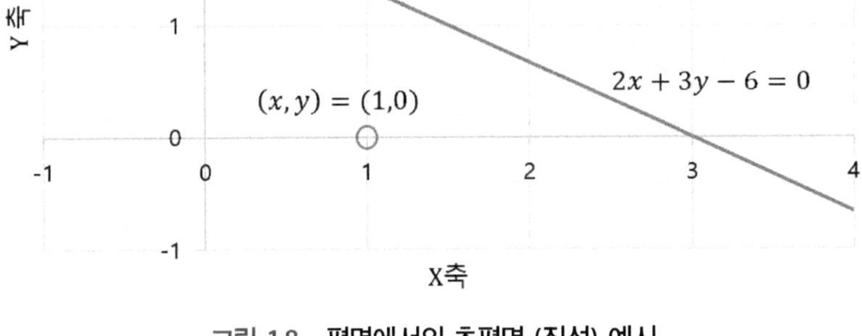

그림 1.8 평면에서의 초평면 (직선) 예시

[그림 1.8]에서 $(x, y) = (0, 2), (1, 0), (2, 2)$ 총 세 점이 있다. 먼저, (0, 2)는 $2x + 3y - 6 = 0$ 식에 대입했을 때 성립한다. $2 \times 0 + 3 \times 2 - 6 = 0$이므로 직선 위에 있다고 할 수 있다. 참고로 이런 경우는 마진이 0이 되기 때문에 초평면을 찾을 때 위의 직선이 아닌 다른 직선을 찾을 것이다. 그리고 (1, 0)을 대입하면 $2 \times 1 + 3 \times 0 - 6 < 0$이고, (2, 2)는 $2 \times 2 + 3 \times 2 - 6 > 0$이다. 즉, 초평면 위에 있지 않은 점들은 부등식으로 표현할 수 있다. 또한 초평면을 기준으로 아래쪽에 있는 모든 점들은 초평면 식에서 0보다 작고, 위쪽에 있는 모든 점들은 초평면 식에서 0보다 크게 된다. 부등호의 방향으로 모든 점들을 분류할 수 있는 것이다.

이를 확장한 n 차원의 초평면은 (식 1.3)과 같고, 위와 마찬가지로 부등호로 모든 점들을 구분할 수 있다.

$$\beta_0 + \beta_1 X_1 + \beta_2 X_2 + \cdots \beta_n X_n = 0 \qquad \text{(식 1.3)}$$

따라서, SVM은 독립변수 $X_1, X_2, \cdots, X_n$과 종속변수(1 또는 −1)를 갖는 데이터 집합이 주어졌을 때, 데이터의 독립변수에 대한 종속변수의 결과를 최대한 잘 구분할 수 있는 회귀계수 $(\beta_0, \beta_1, \cdots, \beta_n)$를 찾는 알고리즘이다. 회귀계수를 구하는 방법에 대해 살펴보기 전에 분류 과정에 대해 먼저 알아보자. 위에서 분류 과정은 부등식으로 표현할 수 있었다. 이를 식으로 표현하면 (식 1.4) 및 (식 1.5)와 같다.

$$\beta_0 + \beta_1 X_1 + \beta_2 X_2 + \cdots + \beta_n X_n > 0 \qquad \text{(식 1.4)}$$

$$\beta_0 + \beta_1 X_1 + \beta_2 X_2 + \cdots + \beta_n X_n < 0 \qquad \text{(식 1.5)}$$

종속변수 Y가 1인 경우 (식 1.4), −1인 경우 (식 1.5)로 분류한다고 할 때, 이는 하나의 식으로 정리할 수 있다. 물론 종속변수 Y가 1인 경우 (식 1.5), −1인 경우 (식 1.4)로 분류해도 문제가 없지만 이 책에서는 전자의 경우와 같이 분류하자. 하나의 식으로 정리하면 (식 1.6)과 같다.

$$Y \times (\beta_0 + \beta_1 X_1 + \beta_2 X_2 + \cdots \beta_n X_n) > 0 \qquad \text{(식 1.6)}$$

종속변수 Y가 1인 경우 (식 1.6)에 $Y = 1$을 대입하면 (식 1.4)로 되고, 종속변수 Y가 −1인 경우 (식 1.6)에 $Y = -1$을 대입하면 (식 1.5)가 된다. 따라서, (식 1.6)을 통해 데이터가 주어졌을 때 그 데이터가 초평면을 기준으로 어느 쪽에 위치해야 되는지 분류할 수 있다. 이제, 회귀계수인 $\beta_0, \beta_1, \cdots, \beta_n$을 찾는 방법에 대해 논의해보자. 1.2.1절에서 SVM은 마진을 최대화하는 초평면을 찾는 알고리즘이었으므로, 먼저 마진을 계산해야 한다. 마진은 데이터와 초평면 사이의 거리 중 가장 작은 것으로 n 차원에서의 거리 공식을 구해보면 (식 1.7)과 같다.

$$D = \frac{|\beta_0 + \beta_1 x_1 + \beta_2 x_2 + \cdots + \beta_n x_n|}{\sqrt{\Sigma_{i=1}^{n} \beta_i^2}} \qquad \text{(식 1.7)}$$

위 식에서 소문자 $x_1, x_2, \cdots, x_n$이 의미하는 것은 초평면과 가장 가까운 데이터의 독립변수를 뜻한다. 또한 위 식은 고등학교 때 배운 점과 직선 사이의 거리 공식을 n 차원으로 확장한 것이다. 분모는 초평면의 계수들의 제곱합을 제곱근한 값이며, 분자는 초평면에 초평면과 가장 가까운 데이터의 독립변수를 대입한 값이다. 하지만 초평면과 가장 가까운 데이터를 구하려면 모든 거리를 구한 후 최솟값을 찾아야 한다. 즉, 데이터의 개수가 총 m개 있고, x_{ij}를 j번째 데이터의 i번째 독립변수라고 했을 때, (식 1.8)의 D_j 중 가장 작은 값을 찾아야 한다.

$$D_j = \frac{|\beta_0 + \beta_1 x_{1j} + \beta_2 x_{2j} + \cdots + \beta_n x_{nj}|}{\sqrt{\Sigma_{i=1}^{n} \beta_i^2}}, j = 1, 2, \cdots, m$$

(식 1.8)

(식 1.8)에서 회귀계수의 제곱합인 $\sqrt{\Sigma_{i=1}^{n} \beta_i^2}$은 크기를 제한해도 상관이 없다. 직선 ax + by + c = 0과 직선 $2ax$ + 2by + 2c = 0이 동일한 식임을 의미하는 것과 비슷한 맥락으로 $\sqrt{\Sigma_{i=1}^{n} \beta_i^2} = 1$로 제한해도 된다. 또한 (식 1.6)을 이용한다면 (식 1.8)의 분자는 다음과 같은 식을 만족할 것이다.

$$\begin{aligned}
&|\beta_0 + \beta_1 x_{1j} + \beta_2 x_{2j} + \cdots + \beta_n x_{nj}| \\
&\qquad = |\mathrm{Y}(\beta_0 + \beta_1 x_{1j} + \beta_2 x_{2j} + \cdots + \beta_n x_{nj})| \\
&\qquad = \mathrm{Y} \times (\beta_0 + \beta_1 x_{1j} + \beta_2 x_{2j} + \cdots + \beta_n x_{nj})
\end{aligned}$$

(식 1.9)

첫 번째 등호는 Y가 1 또는 −1이기 때문에 절댓값 안에서 곱해도 값이 변하지 않기 때문에 성립하고, 두 번째 등호는

(식 1.6)에 의해 항상 양수이기 때문에 성립한다. 따라서, (식 1.8)의 D_j는 다음과 같이 바꿀 수 있다.

$$D_j = \mathrm{Y} \times (\beta_0 + \beta_1 x_{1j} + \beta_2 x_{2j} + \cdots + \beta_n x_{nj}),\ j = 1, 2, \cdots, m$$

(식 1.10)

이제 데이터와 초평면이 주어졌을 때 둘 사이의 거리를 (식 1.10)의 공식을 이용해 구할 수 있다. 따라서 이를 활용해 SVM을 식으로 표현하면 (식 1.11)과 같은 최적화 문제가 된다. 이 문제에서 우리가 찾아야 하는 변수인 결정변수는 β_0, β_1, ⋯, β_n인 회귀계수이다.

$$\begin{aligned}
&\mathit{Maximize} \quad M \\
&\mathit{Subject\ to} \\
&D_j = \mathrm{Y} \times (\beta_0 + \beta_1 x_{1j} + \beta_2 x_{2j} + \cdots + \beta_n x_{nj}),\ j = 1, 2, \cdots, m \\
&\sqrt{\sum_{i=1}^{n} \beta_i^2} = 1 \\
&D_j \geq M,\ j = 1, 2, \cdots, m
\end{aligned}$$

(식 1.11)

SVM은 거듭 말했듯이 마진을 최대화하는 초평면을 찾는 것이다. 따라서 위의 식에서 목적함수는 마진인 M을 최대화하는 것이고, 마진에 대한 제약 조건이 필요하다. 데이터와 초평면 사이의 최소 거리가 마진이므로 모든 데이터는 초평면과의 거리가 마진보다 커야 한다는 것이다. 이를 나타낸 식이 (식 1.11)의 마지막 식이다. 그 위의 식은 회귀계수의 제곱합의 크기를 제한한 식이다. 이렇게 선형 SVM을 수식으로 표현하면 위와 같고, 위의 식을 만족하는 회귀계수 $\beta_0, \beta_1, \cdots, \beta_n$를 구할 수 있다. 위의 최적화 문제는 라그랑즈 승수법(Lagrange multiplier method)과 2차 계획법(quadratic programming)을 이용하면 풀 수 있다. 라그랑즈 승수법이란 제약식을 목적함수에 추가하는 기법이고, 2차 계획법은 목적함수가 선형(1차)이 아닌 2차일 때 사용하는 기법이다. 이에 대한 자세한 내용은 참고문헌 중 Cortes와 Vapnik의 Support-vector networks를 참고하길 바란다.

1.3 비선형 SVM 알고리즘

1.3.1 비선형 SVM 개념

1.1장 마지막 단락에서 SVM은 하나의 초평면으로 종속변수를 나눈다고 설명했다. 하지만 [그림 1.2]와 같이 하나의 초평면으로 나눌 수 없는 경우가 있다. 이 때 사용하는 방법은 커널 함수(Kernel Function)이다. 커널 함수를 쉽게 이해하기 위해 [그림 1.9]를 보자.

[그림 1.9]의 상단 그림은 [그림 1.2]와 마찬가지로 하나의 직선을 이용해 두 집단으로 나눌 수 없다. 이를 해결하기 위해서는 [그림 1.4]와 같이 초평면을 타원으로 바꿔도 되지만 하단 그림처럼 하나의 축을 추가하여 데이터를 변환해도 된다. 상단 그림에서 2의 값을 갖는 데이터는 새로운 축에서는 2의 제곱을 하여 4의 데이터를 갖도록 변환하였다. 즉 상단 그림에서 2의 값을 갖는 데이터가 하단 그림에서 (2, 4)를 갖게 되었고, −1.7의 값을 갖는 데이터는 (−1.7, 2.9)의 값을 갖도록 변환 과정을 거친다. 이때 변환하는 함수를 커널 함수라

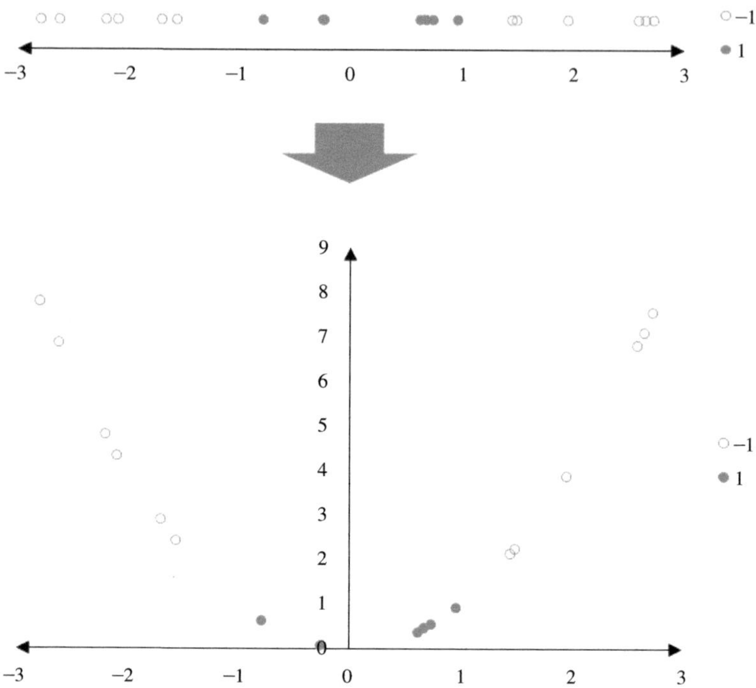

그림 1.9 **커널 함수 예시**

고 부른다. 즉, 커널 함수란 초평면을 곡면으로 바꾸는 함수, 또는 차원 (축)을 늘려가며 데이터를 하나의 초평면으로 분리할 수 있도록 도와주는 함수이다. 커널 함수는 단순히 제곱을 하는 것이 아닌 여러 복잡한 함수가 될 수도 있고, 하나의 커널 함수만 존재하지 않을 수 있다. [그림 1.10]에서와 같이 여러 커널 함수가 있을 수 있으며, 어떤 커널 함수가 좋을 지는 데이터의 특성에 따라 달라질 수 있다.

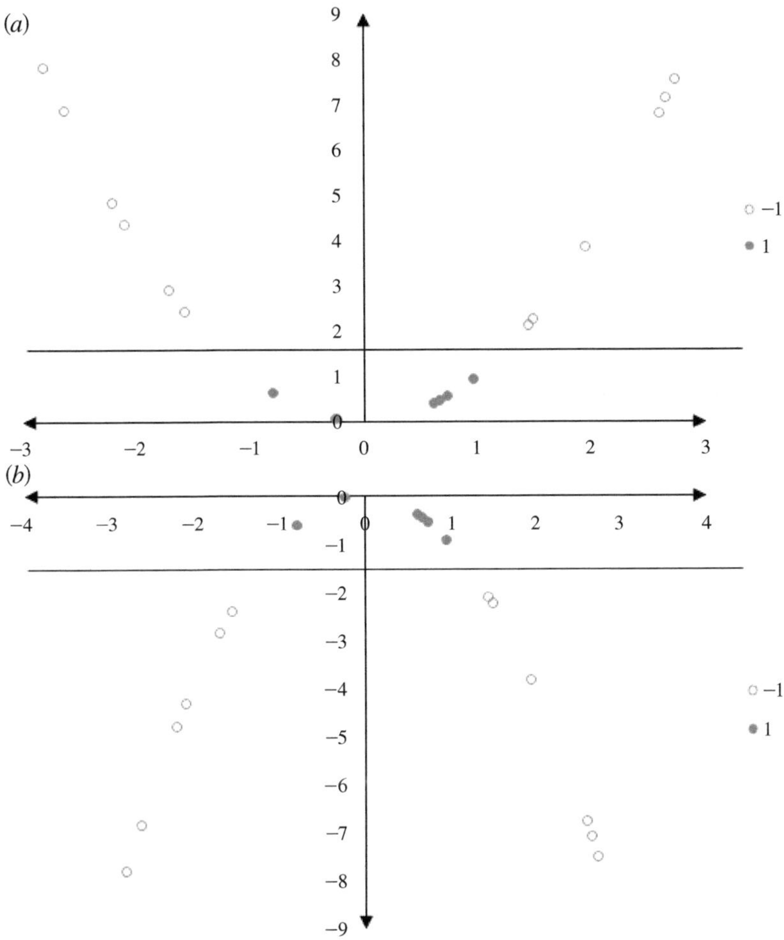

그림 1.10 두 종류의 커널 함수-(a), (b)

1.3.2 비선형 SVM 이론

이 절에서는 1.2.2절과 마찬가지로 비선형 SVM을 수학적으로 접근해보고자 한다. (식 1.6)의 초평면은 모든 독립변수의 차수가 1차로 선형 관계에 있다. 이를 1차가 아닌 2차항과 3차항을 추가하면 (식 1.12)와 같이 쓸 수 있다.

$$\begin{aligned} &\mathrm{Y} \times (\beta_0 + \beta_1 X_1 + \beta_2 X_1^2 + \beta_3 X_1^3 + \cdots \\ &\quad + \beta_{3n-2} X_n^3 + \beta_{3n-1} X_n^3 + \beta_{3n} X_n^3) > 0 \end{aligned} \qquad \text{(식 1.12)}$$

위 식은 n 차원에서 평면이 될 수 없고 곡면이 될 것이다. 하지만, (식 1.13)과 같이 변수들을 치환한다면, 위 식은 (식 1.14)처럼 $3n$ 차원에서의 평면이 될 수 있다.

$$\begin{aligned} &Z_1 = X_1,\ Z_2 = X_1^2,\ Z_3 = X_1^3,\ \cdots, \\ &\quad Z_{3n-2} = X_n,\ Z_{3n-1} = X_n^2,\ Z_{3n} = X_n^3 \end{aligned} \qquad \text{(식 1.13)}$$

$$\begin{aligned} &\mathrm{Y} \times (\beta_0 + \beta_1 Z_1 + \beta_2 Z_2 + \cdots \\ &\quad + \beta_{3n-2} Z_{3n-2} + \beta_{3n-1} Z_{3n-1} + \beta_{3n} Z_{3n}) > 0 \end{aligned} \qquad \text{(식 1.14)}$$

따라서 비선형 SVM은 기존의 n 차원에서는 비선형인 곡면을 찾는 것이라고 생각할 수도 있지만, n 차원인 독립변수 공간을 더 높은 차원으로 확장시켰을 때(위의 예시에서는 $3n$ 차원으로 확장) 선형인 초평면을 찾는 것이라고 생각할 수 있다. 1.3.1절의 [그림 1.8]이 이에 해당하는 그림이다. [그림 1.8]은 1차원에서 곡선으로 종속변수를 구분하는 것이 아닌, 1차원의 데이터를 2차원으로 확장시킨 새로운 데이터를 활용해 평면으로 종속변수를 구분하는 예이다.

커널 함수는 위의 경우처럼 독립변수의 거듭제곱 꼴을 새로운 변수로 추가할 수도 있고, 독립변수의 상호작용이라고 볼 수 있는 $X_1 \times X_2$와 같은 식도 추가해도 된다. 이렇듯 커널 함수는 다양한 형태가 존재하고, 이를 아우를 수 있는 식은 다음과 같다.

$$Y \times (\beta_0 + \beta_1 K_1 + \beta_2 K_2 + \cdots + \beta_n K_n) > 0 \quad \text{(식 1.15)}$$

위에서 K_i는 $X_1, X_2, \cdots, X_n$에 대한 함수이다. 주로 쓰이는 함수는 다항 함수(polynomial), 방사형 함수(radial), 시그모이드 함수(sigmoid) 등이 있다. 위에서 서술한 (식 1.14)는 다항 함수의 예이다. 방사형 함수와 시그모이드 함수는 각각 (식 1.16), (식 1.17)과 같이 나타낼 수 있다. 파리미터 γ와 α는 사용자가 지정할 수 있는 상수로 이 상수 값에 따라 함수의 모양이 다양하게 변한다.

$$K_i = \exp\left(-\gamma \sum_j (X_i - X_j)^2\right) \quad \text{(식 1.16)}$$

$$K_i = \tanh\left(\gamma\left(\sum_j X_i X_j\right) + \alpha\right) \quad \text{(식 1.17)}$$

선형 SVM에서 X_i가 독립변수로 사용된 반면 비선형 SVM인 방사형 함수와 시그모이드 함수를 사용한 경우에는 K_i가 독립변수로 사용된다. 독립변수가 (식 1.16)과 (식 1.17)에서 볼 수 있듯이 복잡한 비선형 형태를 띠고 있어, 선형 SVM으로 분류할 수 없는 경우에도 데이터를 잘 분류할 수 있다. 1.1장의 [그림 1.4]는 커널 함수로 방사형 함수를 사용하였을 때의 데이터 분류 예시이다. [그림 1.4]에서 볼 수 있듯이 데이터 형태에 맞는 커널 함수를 선택하는 것이 중요하다.

1.4

SVM의 장단점

SVM이 각광받는 이유는 분류 정확도가 매우 높기 때문이다. 분류 정확도가 높은 원인은 마진을 최대화하며 오류를 줄이기 때문이라고 말한다. SVM은 마진을 최대화하는 것을 목적으로 하는 반면, 보통의 알고리즘은 오류를 줄이는 것을 목적으로 한다. 언뜻 보면 오류를 줄이는 것이 알고리즘의 성능 향상에 도움을 줄 것 같지만 이는 과적합(overfitting)의 문제를 유발한다. 과적합의 문제는 뒤에서 따로 설명한다.

물론, SVM에서도 과적합의 문제가 발생할 수 있지만, 다른 알고리즘에 비해 과적합의 문제에서 자유롭기에 SVM의 분류 정확도가 타 알고리즘에 비해 우수하게 적용될 수 있다. 또한 커널 함수를 사용하는 것은 장점이자 단점이다. 하나의 평면으로 분류를 할 수 없는 경우에 커널 함수를 사용하게 되는데, 커널 함수의 선택에 따라 성능에 절대적인 차이가 생긴다. 다양한 커널 함수를 사용함으로써 여러 형태의 데이터에 유연하게 SVM을 적용할 수 있는 장점이 있지만, 알맞은 커널 함수의 선택에 어려움이 따른다.

★ 과적합이란

▶ 과적합이란 쉽게 말해 현재 환경에 너무 알맞게 적응하여 조금의 변화도 받아들이지 못하는 상태를 의미한다. 예를 들어, 호수의 어떤 물고기가 현재 호수의 상황에 최대한 완벽한 상태로 적응하고 있는 상황을 생각하자. 이러한 생태에서 모종의 이유로 호수의 산소 농도가 미세하게 변했을 때 물고기가 죽었다면, 그 물고기는 현 생태에 과적합 된 상태인 것이다. 다시 데이터 마이닝으로 돌아와서 생각해보면 앞의 소개팅의 예에서 전 세계 모든 사람에게 의상과 음식점에 대해 물어보는 것은 현실적으로 불가능하다. 따라서, 일부 데이터만을 통해 데이터 마이닝 모델을 만들게 된다. 이 상황에서 일부의 데이터만으로 최대한 오류를 줄였을 경우, [그림 1.11]과 같이 과적합의 문제가 발생한다.

▶ [그림 1.11]의 상단과 하단 그림은 같은 데이터를 각기 다른 선을 통해 나타내고자 한 것이다. 검은색 점은 모델을 만들기 위해 가지고 있었던 데이터이고 흰색 점은 모델의 적합도를 확인하기 위해 새로 추가된 데이터이다. 검은색 점을 잘 나타내는 선은 어떤 선이라고 생각하는가? 하단의 선이 검은색 점을 한치의 오차도 없이 나타내므로 데이터를 더 잘 나타낸다고 할 수 있다. 하지만, 새로운 흰색 점의 데이터가 추가되어 전체 데이터의 모델의 적합도를 살펴봤을 때에는 하단의 선보다 상단의 선이 데이터를 더 잘 나타낸다고 할 수 있다.

▶ 위의 예시는 학습을 과도하게 진행하였기 때문에 과적합의 문제가 생긴 것이다. 이 외에도 과적합이 발생하는 이유는 여러 경우가 있다. 그 이유 중 한가지로는 데이터를 잘못 수집하였을 경우이다. 데이터는 모든 데이터의 형태가 나타나도록 골고루 수집하는 것이 중요하다. 예를 들어, 대한민국 국민의 평균 키를 조사한다고 했을 때, 20대만 조사를 한다거나 30대만 조사를 한 경우는 데이터를 잘못 수집한 경우이다. 또는 어느 한 지역에서만 조사를 한다거나 여성만 조사를 하는 경우도 데이터를 잘못 수집한 경우라 할 수 있다.

▶ 이처럼 과적합은 모든 데이터를 확보하여 모델을 만드는 것이 현실적으로 불가능한 상황에서 일부의 데이터만으로 현재 모델에 존재하는 오류를 과도하게 줄일 때 발생하는 문제이다.

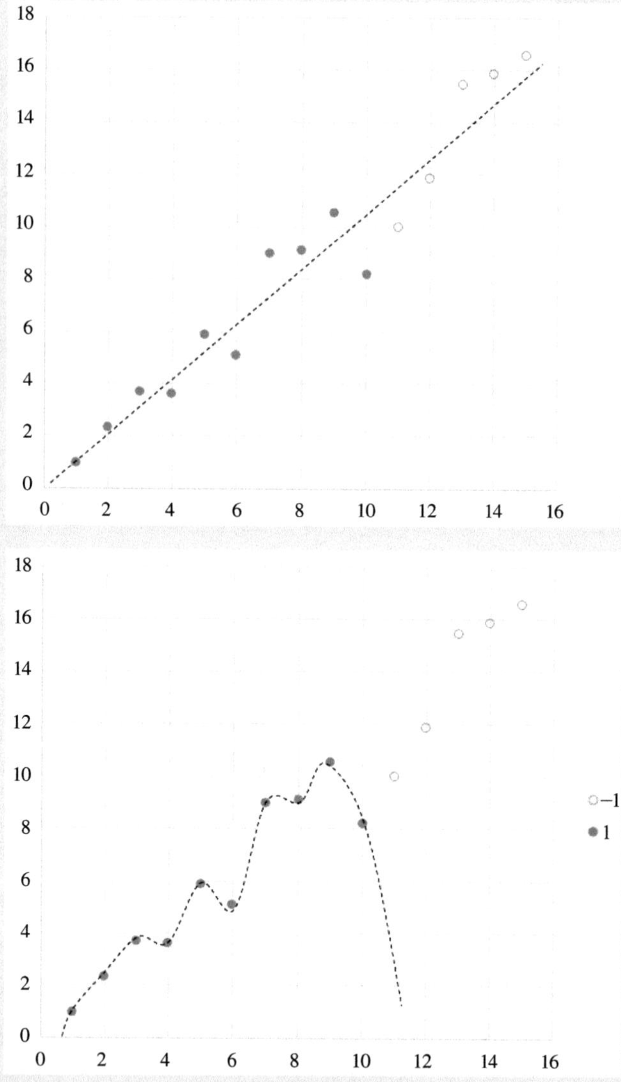

그림 1.11　과적합 예시

제 2 장

SVM 적용 분야: 반도체 에칭 공정

앞서 설명했듯이 SVM은 종속변수가 연속형 변수가 아닌 범주형 변수인 경우에 적합한 알고리즘이다. 종속변수가 범주형인 대표적인 예로, 반도체 공정에서의 이상 발생 유무가 있다. 종속변수를 이상이 발생한 경우는 1, 정상인 경우는 −1로 설정하면 종속변수가 두 종류가 되어 SVM의 적용에 적합하다. 여기에서는 반도체 공정 중 에칭(etching) 공정에 SVM을 적용한 예를 살펴보도록 한다.

에칭 공정이란 쉽게 말해 웨이퍼(wafer)를 원하는 모양으로 깎아내는 공정이다. 에칭 공정은 식각 공정이라고도 하는데, 간단한 과정은 [그림 2.1]과 같다. [그림 2.1]은 산화 공정, 포토 공정, 에칭 공정을 나타낸다. 먼저 웨이퍼에 산화막을 씌우는 공정이 산화 공정이다. 그 후 산화막이 씌워진 웨이퍼는 포토 공정 단계로 넘어간다. 포토 공정에서 웨이퍼 위에 빛을 받으면 사라지는 감광액을 얹고, 원하는 모양의 전기 회로 패턴을 가진 마스크를 이용하여 빛을 노출시킨다. 그 결과 감광액 중 원하는 부분이 제거된다. 마지막으로 에칭 공정에서 깎아진 감광액에 맞춰서 산화막을 잘라내면 원하는 모양의 전기회로 패턴이 남은 웨이퍼를 만들 수 있다. 이 공정에 있어서 여러 기체의 압력 및 농도, 전력, 전류, 전압 등 다양한 변수들이 에칭 공정에 영향을 미친다. 이러한 변수들이 독립변수가 되고, 에칭 공정이 완료된 후 웨이퍼의 이상 유무가 종속변수가 된다. 즉, 앞의 소개팅 예에서 옷과 음식에 해당하는 것이 압력, 전력 등의 변수이고, 소개팅 성공 여부가 웨이퍼의 이상 유무가 되는 것이다.

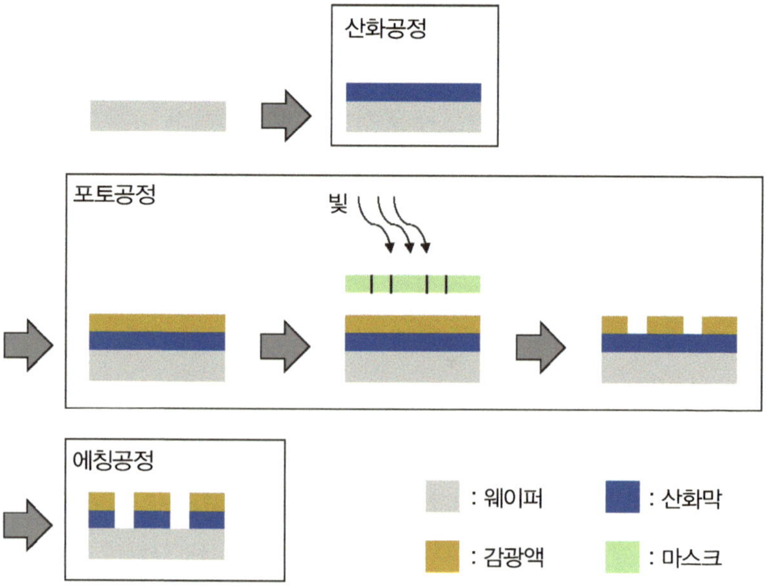

그림 2.1 **에칭 공정**

반도체 공정은 나노미터(nm)단위를 다루는 미세한 공정이기 때문에 정밀성이 요구되며, 그중에서도 에칭 공정은 기체를 다루기 때문에 어려운 공정이다. 또한 에칭 공정을 통해 반도체의 회로 패턴을 만들기 때문에 반도체 공정에서 에칭 공정은 꼭 필요한 과정이다. 이처럼 어렵지만 반드시 필요한 공정이기에 다양한 학자들이 오늘날에도 에칭 공정에 관한 연구를 지속적으로 진행하고 있다.

그러므로 에칭 공정은 관리가 필수적이며, 에칭 공정을 관리하기 위해 변수들이 변화해나갈 때 이상을 감지할 수 있는 알고리즘이 필요하다. 이상을 잘못 감지하였을 경우, 확인을 위해 공정을 잠시 멈추거나 잘못된 웨이퍼가 아님에도 불구하고 잘못된 웨이퍼라고 판단해 웨이퍼를 폐기하는 경우가 있을 수 있다. 즉, 시간적, 비용적인 막대한 손실이 발생할 수 있다. 따라서 이상을 잘못 감지할 확률이 적은, 다시 말해 정확도가 높은 알고리즘을 적용해야 한다. SVM의 가장 큰 장점이 정확도가 높은 것이기 때문에 에칭 공정에 SVM을 적용하는 것이 다른 알고리즘을 적용하는 것에 비해 높은 효과를 얻을 수 있다. 에칭 공정에 대한 이해를 돕기 위해 아래의 그림을 보자.

[그림 2.2]의 에칭 공정 구조도를 보면 원판을 웨이퍼라고 부르며 웨이퍼는 후 공정에서 칩 단위로 잘려진다. 즉, 웨이퍼는 여러 칩들이 모여 있는 판이라고 생각할 수 있다. 에칭 공정은 웨이퍼 단위로 공정이 이루어진다. 각각의 웨이퍼는 에칭 공정이 이루어지는 에칭 챔버 앞에서 대기하다 에칭 챔버

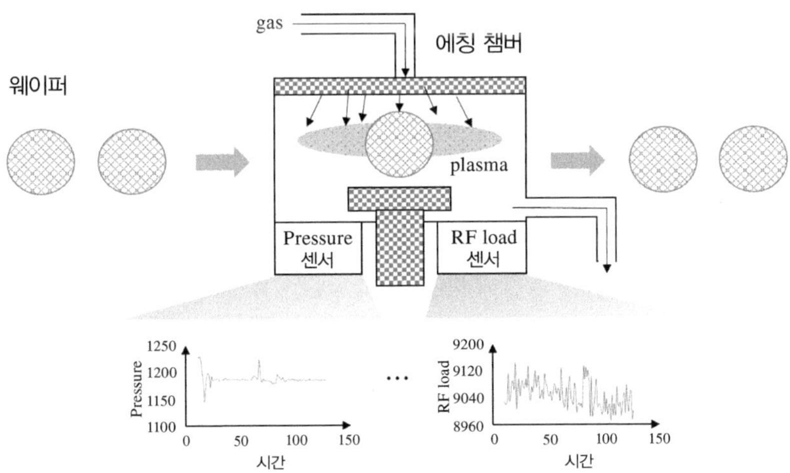

그림 2.2 에칭 공정 구조도

에서 가공이 된다. 이 에칭 챔버 안에는 여러 가지 센서가 있어 독립변수를 실시간으로 측정할 수 있다. 위의 그림에서는 Pressure와 RF load 변수를 측정하는 것을 나타낸 것이다. 각 공정의 공정 레시피(process recipe)에 독립변수의 투입 시점과 양이 명시되어 있다. 공정 레시피란 공정을 진행하는 순서 및 과정을 의미한다. 공정 레시피에 대한 설명을 하기 전에 레시피에 대해서 살펴보자. 레시피라는 말은 조리법 혹은 음식을 만드는 방법을 의미한다. 가령 라면을 먹기 위해서는 물이 끓으면 라면 스프를 넣고 물을 좀 더 끓인 후, 면을 넣고, 면발이 어느 정도 익으면 달걀이나 대파를 얹어 최종적으로 라면을 완성하는 과정의 레시피가 필요하다. 에칭 공정에서도 원하는 제품을 생산하기 위해 이러한 공정 레시피가 필요하다.

에칭 공정은 공정 레시피에 따라 진행되며, 이에 따른 독립변수(혹은 설비변수)가 수집된다. 이 독립변수들 간에는 교호작용(interaction) 효과가 존재할 수 있다. 예를 들어 반도체 웨이퍼를 가공하는 진공 제조실(vacuum chamber)에는 독립변수인 압력과 헬륨가스가 주입되는데 압력이 너무 높게 들어가면 헬륨가스는 공정 레시피에 명시된 양보다 적게 주입되며 이 독립변수들 간에는 높은 음의 상관관계가 존재한다. 이런 공정 설비의 오류로 인하여 독립변수가 레시피에 정의된 대로 투입되지 않아 불량인 웨이퍼가 생기게 된다. 이런 종류의 불량은 시계열 데이터의 패턴에 의해서 확인 가능하며, 실제 에칭 공정에서는 [표 2.1]에 제시된 18개의 독립변수에 대해 센서가 존재한다.

변수	표기	독립변수의 이름
독립변수	X_1	TCP top power
	X_2	TCP tune
	X_3	TCP load
	X_4	TCP phase error
	X_5	TCP impedance
	X_6	RF bottom power
	X_7	RF tune
	X_8	RF load
	X_9	RF phase error
	X_{10}	RF impedance
	X_{11}	RF power
	X_{12}	TCP reflected power
	X_{13}	RF bottom reflected power
	X_{14}	Pressure
	X_{15}	BCl_3 flow
	X_{16}	Cl_2 flow
	X_{17}	He pressure
	X_{18}	Vat valve
종속변수	Y	Fault Detection

표 2.1 에칭 공정 변수 정보

에칭 공정의 독립변수는 크게 TCP 관련 변수, RF 관련 변수, 그 외의 변수로 나뉘어진다. TCP, RF는 각각 Transformer Coupled Plasma, Radio Frequency의 약자로 TCP는 압력을 바꿔주는 변압기, RF는 무선주파수이다. 그 외 변수들은 변압기, 무선주파수에 관한 상세한 수치를 가진 변수들로 구성된다. 에칭 공정은 총 18개의 독립변수들이 있고, 이 변수들을 통해 종속변수인 웨이퍼의 이상 유무가 결정된다. 각각의 독립변수는 설비변수라고도 부르며 시간에 따라 값이 변하는 시계열 데이터이다. 정상 웨이퍼인 경우와 불량 웨이퍼인 경우의 모든 독립변수에 대한 실시간 데이터는 [그림 2.3]에서 볼 수 있다.

[그림 2.3]에서 정상 웨이퍼인 경우와 불량 웨이퍼인 경우에 시계열 그래프가 비슷한 경우도 있고 상이한 경우도 있다. 비슷한 그래프가 의미하는 바는 그 변수 때문에 불량이 생기는 가능성은 작다는 것이고, 상이한 그래프의 경우는 그 변수로 인해 웨이퍼에 이상이 생길 수 있다는 것을 의미한다. 예를 들어, [그림 2.3]의 첫 번째 그래프인 시간에 따른 TCP top power의 변화를 보면 정상인 경우와 불량인 경우에 큰 차이가 없는 것처럼 보인다. 하지만 두 번째 그래프인 시간에 따른 TCP tune의 변화를 보면 그래프의 패턴은 비슷하지만 데이터의 위치가 다르다. 시계열 데이터의 위치가 다른 변수로는 TCP load, RF load, RF bottom reflected power 등이 있다. 이런 독립변수들이 불량을 유발한다고 볼 수 있다. 시계열 데이터의 차이를 그래프를 이용하면 구분할 수 있어 좋지만, 모

든 웨이퍼의 시계열 데이터를 사람이 비교하는 것은 시간적 측면에서 비효율적이다.

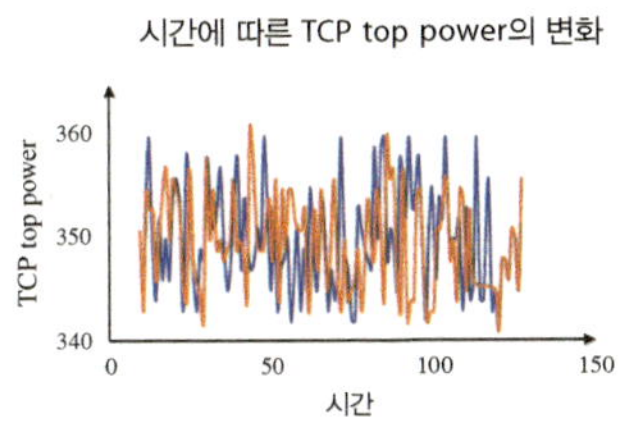

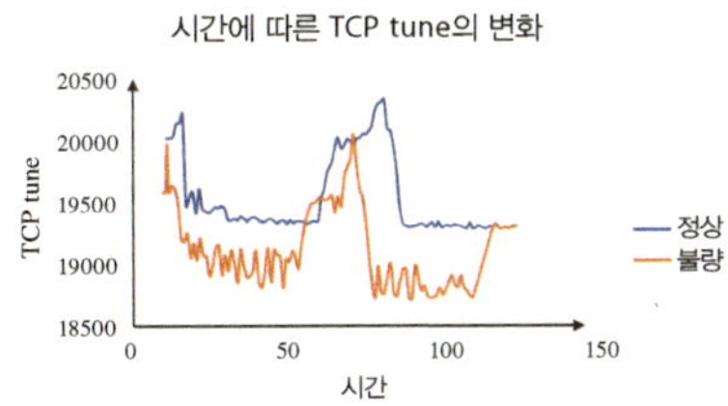

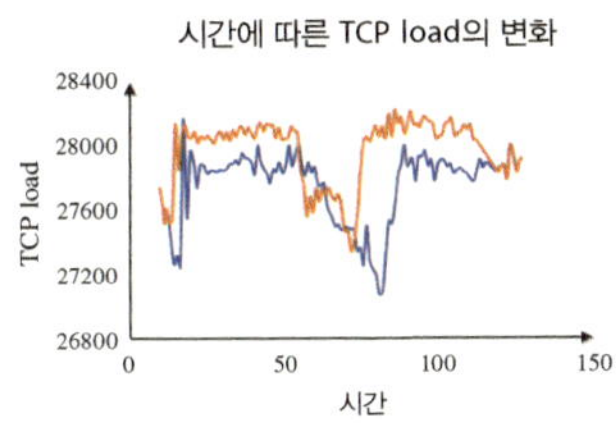

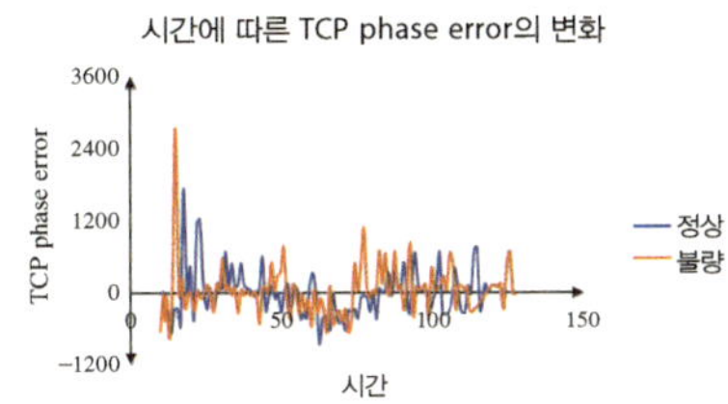

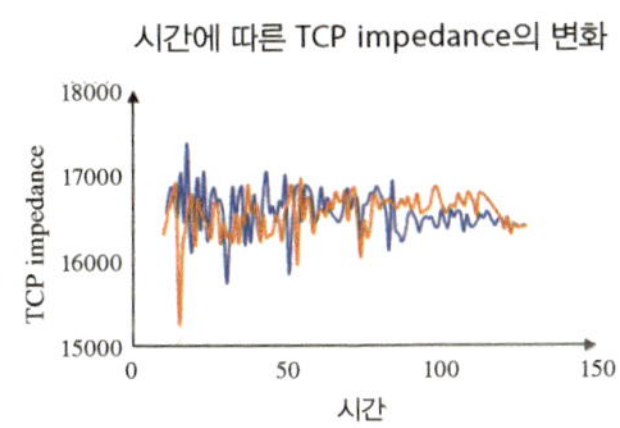

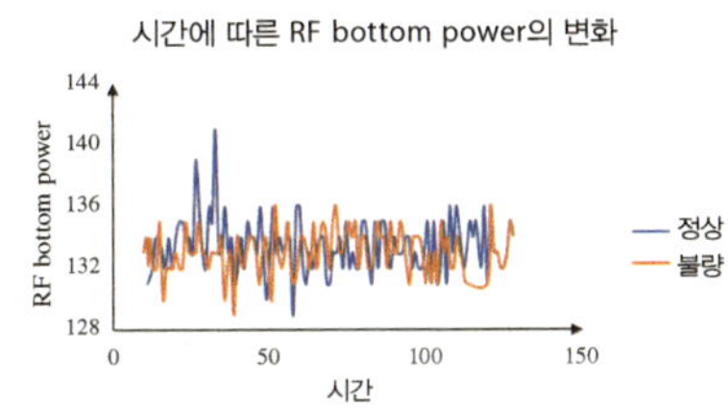

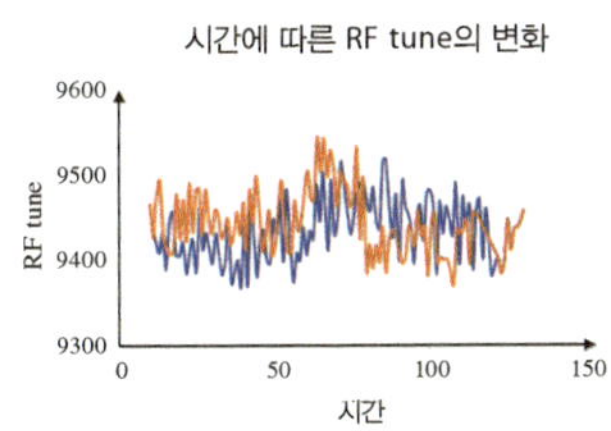

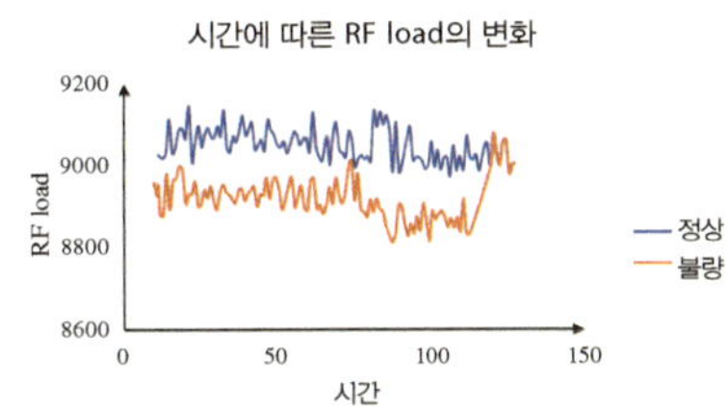

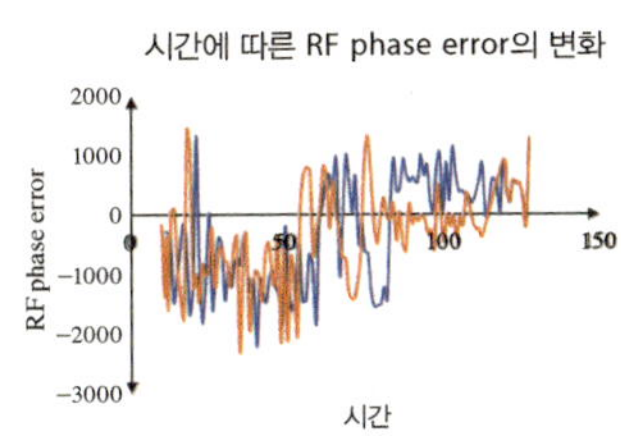

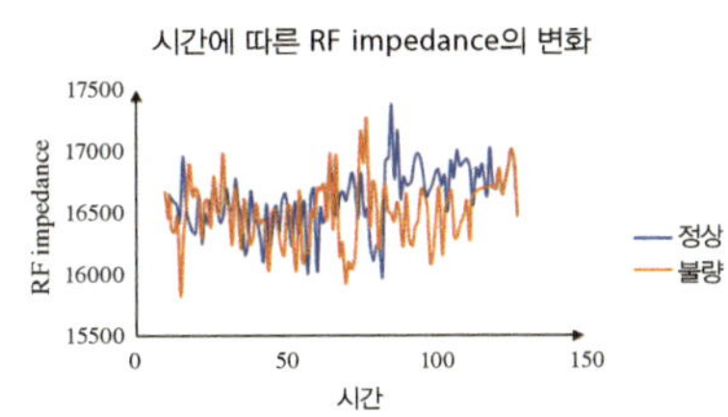

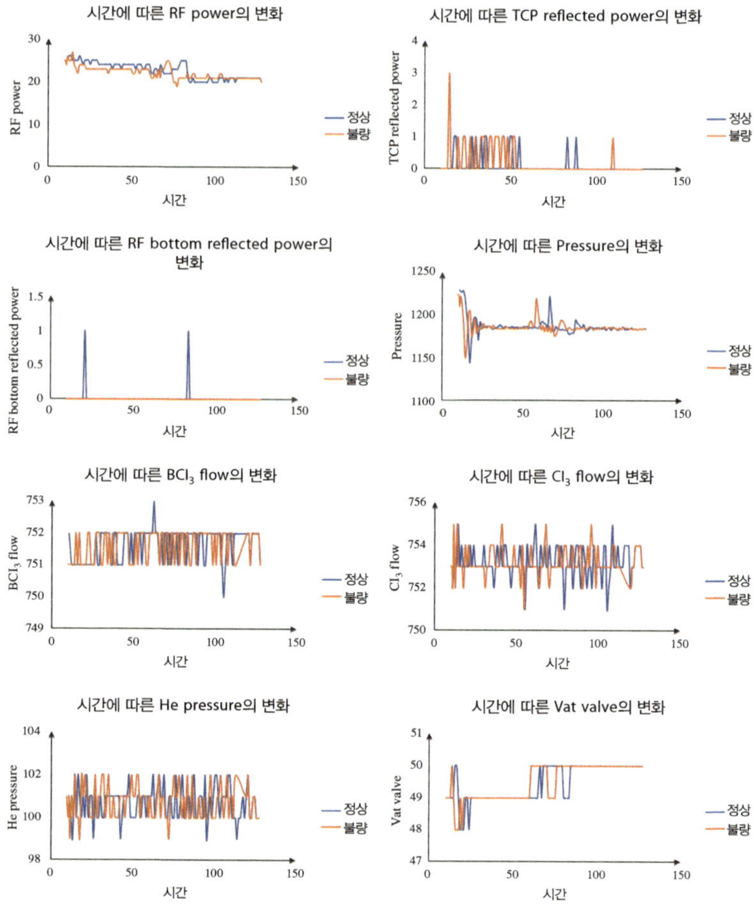

그림 2.3 정상 및 불량 웨이퍼의 시계열 독립변수

SVM을 실행하기 위해서는 시계열 형식인 독립변수를 단일 값으로 요약해야 한다. 단일 값으로 요약하는 방법은 3.1장에서 간략하게 더 언급하겠지만 [그림 2.3]의 데이터를 평균으로 요약한다. 또한 반도체 에칭 공정의 1300개의 데이터를 수집하였으며, 1300개의 데이터 중 800개는 정상인 웨이퍼, 500개는 비정상인 웨이퍼이다. [표 2.2]에서는 서로 다른 웨이퍼를 의미하는 1300개의 데이터 가운데 일부인 20개 데이터의 값을 보여준다. 이때 독립변수들은 위에서 언급한 대로 평균으로 요약한 값이다. [표 2.2]에서 가로축은 [표 2.1]의 변수와 동일하고 세로축은 각각의 데이터(웨이퍼)를 의미한다. 첫 번째 데이터는 X_1이 357, X_2가 19382, …, X_{18}이 51임을 뜻하고, 이때 첫 번째 데이터의 실제 결과는 정상(0값)이다. 마찬가지로 마지막 20번째 데이터의 경우에는 X_1이 690, X_2가 38685, …, X_{18}이 100임을 뜻하고, 이때 마지막 데이터의 결과는 불량(1값)이다.

이제 구축된 SVM 모델을 사용해 보자. 새로운 웨이퍼에 대한 에칭 공정이 끝난 즉시 독립변수의 시계열 데이터를 평균으로 요약한 후 SVM에 입력하면 해당 웨이퍼의 불량 여부(즉 독립변수에 대한 종속 변수 값)를 예측할 수 있다. 만일 공정 결과가 정상으로 예측되면 해당 웨이퍼는 다음 공정으로 넘어간다. 그러나 불량으로 예측된 경우에는 웨이퍼를 검사한 후 폐기시키거나 아니면 재공정을 거쳐 정상 웨이퍼로 고치고 다음 공정으로 흘려 보낸다. 불량 웨이퍼를 사전에 제거하여 에칭 공정의 후 공정에서 불필요한 자원을 낭비하지 않을 수 있고, 정상으로 고치는 과정을 통해 수율을 향상시킬 수 있다.

ID	X_1	X_2	X_3	X_4	X_5	X_6	X_7	X_8	X_9	X_{10}	X_{11}	X_{12}	X_{13}	X_{14}	X_{15}	X_{16}	X_{17}	X_{18}	Y
1	357	19382	28143	−12	16820	135	9434	9004	−638	16095	26	0.21	0.02	1202	752	756	98	51	0
2	347	18799	26950	−28	16389	134	9450	9020	−659	15831	28	0.22	0.02	1210	743	774	98	49	0
3	347	19684	28414	12	16327	129	9078	8925	−496	16369	26	0.16	0.01	1199	745	766	98	50	0
4	342	19731	27451	−14	15994	134	9271	9334	−597	16514	26	0.13	0.00	1221	738	729	102	51	0
5	348	18859	28672	59	16686	134	9439	9114	−566	16544	26	0.17	0.03	1190	734	742	103	50	0
6	361	19565	28390	−117	16536	134	9105	8855	−577	15690	26	0.14	−0.01	1218	754	769	100	49	0
7	344	19147	27942	−7	16636	132	9430	8730	−538	16420	26	0.20	0.00	1213	751	752	100	49	0
8	358	18969	27383	0	16722	133	9233	9215	−456	16755	26	0.19	0.00	1194	744	758	100	49	0
9	341	19407	28421	−9	16036	137	9326	9052	−494	16693	25	0.20	0.02	1220	744	774	99	49	0
10	341	19404	28240	22	16342	133	9946	9231	−622	16537	27	0.19	0.02	1169	747	781	99	50	0
11	702	38835	55204	−13	32988	263	18576	17783	−1305	32993	52	0.37	0.02	2400	1480	1481	85	99	1
12	699	38817	21373	33	33350	264	19264	17862	−1018	33033	53	0.41	0.01	2432	1548	1516	202	102	1
13	707	38405	22038	−35	33431	265	18950	18038	−1015	33677	52	0.39	0.02	2405	1528	1527	203	102	1
14	695	38642	55254	−27	33287	271	18765	17847	−1236	32849	52	0.37	0.03	905	1508	1504	202	101	1
15	703	38806	21169	5	33236	270	18805	18027	−1031	33399	51	0.36	0.03	2391	1513	1538	198	100	1
16	689	38420	55343	−97	32870	266	19089	18083	−1119	33286	53	0.36	0.02	2387	1481	631	202	99	1
17	690	38441	55837	−1	33176	266	19075	18033	−983	33486	52	0.37	0.03	2341	1511	1492	84	100	1
18	697	39062	21907	−4	33035	263	18848	18114	−1231	32423	51	0.36	0.02	2372	1490	1516	202	100	1
19	706	38866	20344	−89	33142	266	18904	18112	−974	33380	52	0.44	0.03	2425	1512	1501	203	98	1
20	690	38685	55406	−26	33474	265	18438	7416	−1080	32808	52	0.39	0.03	2410	1513	1488	201	100	1

표 2.2 반도체 에칭 공정 데이터 일부

제 3 장

데이터 마이닝 분석 순서

데이터 마이닝은 다음과 같은 순서로 이루어진다. 먼저 분석하고자 하는 도메인의 데이터를 수집한다. 2장에서 에칭 공정의 데이터를 수집하였다. 이 데이터를 바로 사용할 수 있으면 좋지만, 바로 사용할 수 없는 경우가 많기 때문에 이 데이터를 원하는 형태로 가공해야 한다. 데이터를 원하는 형태로 가공하는 과정을 데이터 전처리라고 부른다. 그 후에 변수 선택이라는 과정을 거친다. 변수 선택이란 간단히 말해 중요한 변수(독립변수)를 찾는 과정이다. 마지막으로 통계적 분류 과정을 거쳐 정상과 이상을 나누게 되는데, 여기서는 통계적 분류 모형 중 하나인 SVM을 적용한다.

3.1
데이터 전처리

데이터 전처리는 데이터를 원하는 형태로 가공하는 과정이며, 시간이 지남에 따라 값들이 변화하는 반도체 공정의 독립변수들에 있어서는 필수적이다. 즉, 모든 독립변수들이 시계열 데이터이기 때문에 하나의 값으로 요약이 필요하다. 시계열 데이터를 하나의 값으로 요약하는 방법에는 평균, DTW(Dynamic Time Warping[1], [10]), DWT(Discrete Wavelet Transform[2], [11]) 등 여러 가지 방법이 있다. 앞 장의 [표 2.2]에서는 평균으로 요약한 결과를 나타낸 것이다.

3.2 변수 선택

변수 선택이란 간단히 말해 중요한 변수(독립변수)를 찾는 과정이며 크게 두 가지 이유로 변수 선택을 하게 된다. 첫 번째로 독립변수의 수가 너무 많으면 SVM과 같은 분류 모형의 정확도가 떨어질 수 있다. 흔히 이런 경우를 잡음(noise)이 생긴다고 말한다. 많은 독립변수 중 종속변수에 영향을 미치지 않는 경우가 있을 수 있고, 이런 변수들을 사용하여 모형을 만들 필요가 없다. 두 번째로 독립변수 간 상관관계가 있는 경우에는 모형의 정확도에는 관계없이 모형의 해석 능력(interpretability)을 저하시킨다. 이 문제를 다중공선성(multi-collinearity)이라 부른다. 독립변수란 이름에도 나타나있듯이 많은 모형에서 독립변수들끼리 서로 독립임을 가정한다. 하지만 독립변수들끼리 서로 상관관계를 가진다면 기본 전제를 무너뜨리는 일로 상관관계를 가지는 독립변수를 제거해야 한다.

변수 선택을 하게 되면 크게 세 가지 장점이 있다. 첫째로 모형의 정확도를 개선할 수 있다. 둘째로 선택되지 않은 독립변수를 포함하지 않고 계산하기 때문에 모형의 계산 속도가 빨라진다. 독립변수의 수가 기하급수적으로 늘어난 빅데이터 시대에 변수 선택의 중요성은 더욱 높아졌다. 마지막으로 다중공선성을 제거해 모형의 해석 능력을 향상시킨다.

기존 변수 선택 방법으로 주성분 분석(PCA; Principal Component Analysis[6], [8]), 부분 최소 자승법(PLS; Partial Least Squares[4], [12]), mRMR(Minimum Redundancy Maximum Relevance[9]) 등이 있다. 먼저 널리 알려진 주성분 분석에 대해 소개한 후에, SVM을 반복적으로 적용하여 종속변수에 큰 영향을 미치는 독립변수를 선택하는 SVM-RFE(Support Vector Machine-Recursive Feature Elimination[5])를 소개하고자 한다.

3.2.1 주성분 분석 개념

주성분 분석에 대해 설명하기 전에 한 가지 예를 살펴보자. 고등학생들이 국어, 수학, 영어, 과학 과목에 대해 모의고사를 보는 경우를 생각해보자. 국어, 수학, 영어, 과학 시험의 평균과 분산이 [표 3.1]과 같다고 할 때, 변별력이 있는 시험과 없는 시험은 각각 무엇이라고 생각하는가?

과목	국어	수학	영어	과학
평균	70	70	90	80
분산	30	600	20	300

표 3.1 **국어, 수학, 영어, 과학 시험의 평균과 분산**

변별력이 있으려면 점수의 분포가 넓게 퍼져있어야 된다. 따라서 분산이 큰 수학이 가장 변별력이 높다고 볼 수 있다. 마찬가지로 분산이 가장 작은 영어가 변별력이 낮다고 볼 수 있다. 분산이 큰 순서대로 나타내면 수학, 과학, 국어, 영어가 된다. 주성분 분석에서는 이 순서대로 변수가 중요하다고 생각하며 이 변수들을 결합하여 분산이 더 큰 새로운 변수를 만든다. 분산이 큰 수학과 과학을 결합하고, 분산이 작은 국어와 영어를 결합하였을 때의 평균과 분산 예시는 아래 표와 같다.

과목	수리(수학 + 과학)	언어(국어 + 영어)
평균	75	80
분산	800	10

표 3.2 국어, 수학, 영어, 과학을 결합한 변수의 평균과 분산 예시

이렇듯 주성분 분석에서는 여러 변수(국어, 수학, 영어, 과학)를 결합하여 새로운 변수(수리, 언어)를 찾는다. 이런 새로운 변수를 잠재변수(latent variable)라 부른다. 위의 예시에서 국어, 수학, 영어, 과학은 원 변수이고 수리와 언어는 잠재변수이다. 잠재변수 중 언어 같은 경우는 분산이 작아 학생 변별력이 매우 작다. 이런 변수는 제거하고 수리 과목으로만 학생들을 변별해도 큰 문제가 되지 않는다. 이런 경우를 주성분 분석에서는 분산이 작은 잠재변수를 제외하더라도 잃어 버리는 정보의 양이 적다고 표현한다. 위의 예에서 잃어버

리는 정보란 언어를 사용하지 않았을 때의 학생 변별력일 것이다. 언어의 분산이 수리에 비해 매우 작으므로 학생들을 변별할 때 언어를 사용하지 않더라도 변별력의 차이가 크지 않을 것이다. 4개의 원 변수(국어, 수학, 영어, 과학)를 수리라는 1개의 잠재변수로 변수의 차원을 낮추는 과정을 차원 축소(dimensional reduction) 과정이라 한다. 주성분 분석은 이와 같이 통계적 성질을 최대한 유지하면서 변수의 수를 축소시키는 방법이다. 이제, 3.2.2절에서 주성분 분석에 대해 더 자세히 살펴보기로 한다.

3.2.2 주성분 분석 이론

주성분 분석은 Karl Pearson에 의해서 1901년에 처음 소개되었다. 주성분 분석은 데이터의 동질성과 이질성을 명확하게 드러내도록 하는 변수들의 선형 결합을 찾는 과정이다. 즉, 변수들의 조합을 통해 유사한 변수들은 더 가깝게, 상이한 변수들은 더 멀리 분포시키는 과정이다. 이 과정을 그림으로 간단히 표현하면 [그림 3.1]과 같다.

[그림 3.1]의 (a)는 주성분 분석 적용 전의 데이터 분포이고, (b)는 적용 후의 데이터 분포이다. (a)에서는 데이터가 X축과 Y축 모두 대략 −1에서 1 사이의 값을 가졌지만, (b)에서는 데이터가 X축으로 늘어나고 Y축으로는 줄어들었다. 이처럼 유사한 변수들은 더 가깝게, 상이한 변수들은 더 멀리 분포하게 된다. 그렇다면 변수들의 조합이 의미하는 것은 어떤 것

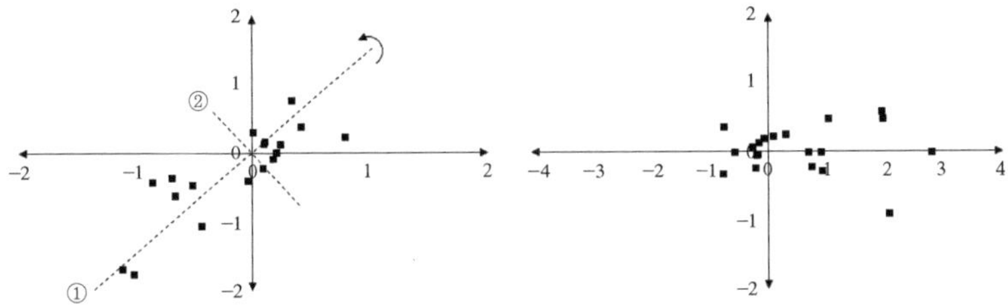

(a) 주성분 분석 적용 전 데이터 분포 (b) 주성분 분석 적용 후 데이터 분포

그림 3.1 주성분 분석 적용 전과 후의 데이터 분포

일까? (a)에서의 X축을 X_1, Y축을 X_2라 하고 (b)에서의 X축을 Y_1 Y축을 Y_2라 한다면, X_1 X_2, Y_1 Y_2는 다음과 같은 관계를 갖는다. 이때 X_1과 X_2는 원 변수이고, Y_1과 Y_2는 잠재변수이다.

$$\begin{aligned} Y_1 &= -0.7357 \times X_1 - 0.6773 \times X_2 \\ Y_2 &= 0.6773 \times X_1 - 0.7357 \times X_2 \end{aligned} \quad \text{(식 3.1)}$$

변수들의 조합이 의미하는 것은 위와 같이 원 변수 (X_1, X_2)의 선형 조합을 통해 잠재변수 (Y_1, Y_2)를 만드는 것이다. 이 선형 조합을 변수의 변환 과정이라 생각할 수 있으며 이 변환의 2차원상에서 기하학적인 의미는 두 단계를 거치게 된다. 첫 번째 단계는 [그림 3.1]의 (a)에서 데이터들이 멀리 떨어져 있는 축인 ①축을 찾는 것이다. 그리고 두 번째 단계는 ①축과 수직인 ②축을 찾으면 된다. 따라서 2차원상에서 주성분 분석은 단순히 축을 회전시키는 과정이라 볼 수 있다. [그림 3.1]의 (a)에서 ①축을 기준으로 시계 반대방향으로 약 135° 회전시키면 (b)의 그림이 된다.

위에서는 변환의 기하학적인 의미를 살펴보았다. 이제 변환의 수학적 의미를 알아보자. (식 3.1)의 숫자들을 PC_{ij} (i = 1, 2, j = 1, 2)로 치환하면 (식 3.2)와 같이 쓸 수 있다. (식 3.2)에서 PC_{11}과 PC_{12}는 새로운 축(잠재변수 축) 중 첫 번째 축으로 바꾸는 변환이고, PC_{21}과 PC_{22}는 새로운 축 중 두 번째 축으로 바꾸는 변환이다.

$$\begin{aligned} Y_1 &= PC_{11} \times X_1 + PC_{12} \times X_2 \\ Y_2 &= PC_{21} \times X_1 + PC_{22} \times X_2 \end{aligned} \qquad \text{(식 3.2)}$$

예를 들어, (x_1, x_2) = (1, 2), (1, 3), (2,3)이 있을 때 위의 변환을 적용하면 (식 3.3)과 같다. (식 3.1)의 PC_{ij}값을 이용하여 실제 좌표를 구했다. 변경된 좌표는 잠재변수 축에서의 좌표를 의미하고, 첫 번째 좌표에는 PC_{11}과 PC_{12}가 사용되었고, 두 번째 좌표는 PC_{21}과 PC_{22}가 사용되었다.

$$\begin{aligned} (1, 2) &\rightarrow (PC_{11} \times 1 + PC_{12} \times 2,\ PC_{21} \times 1 + PC_{22} \times 2) \\ &= (-2.09, -0.79) \\ (1, 3) &\rightarrow (PC_{11} \times 1 + PC_{12} \times 3,\ PC_{21} \times 1 + PC_{22} \times 3) \\ &= (-2.77, -1.53) \\ (2, 3) &\rightarrow (PC_{11} \times 2 + PC_{12} \times 2,\ PC_{21} \times 1 + PC_{22} \times 3) \\ &= (-3.50, -0.85) \end{aligned} \qquad \text{(식 3.3)}$$

(식 3.3)에서 PC_{ij} (i = 1, 2, j = 1, 2)를 로딩(loading)이라 부른다. 또한 좌표 축인 X_1과 X_2축에서의 원 데이터를 잠재변

수인 Y_1과 Y_2축에서 표현한 좌표 값을 스코어(score)라고 부른다. 예를 들어, 세 개의 원 데이터인 $(x_1, x_2) = (1, 2), (1, 3), (2, 3)$ 를 변환한 $(y_1, y_2) = (-2.09, -0.79), (-2.77, -1.53), (-3.50, -0.85)$가 Y_1과 Y_2축에서의 스코어가 된다. 그리고 새로운 축인 Y_1과 Y_2의 계수 벡터를 주성분(principal component)이라고 부른다. 예를 들어 위의 예제에서 주성분은 (PC_{11}, PC_{12})과 (PC_{21}, PC_{22})가 된다. 즉 주성분은 Y_1과 Y_2를 의미한다고 볼 수 있으며, 따라서 주성분 분석에서 잠재변수는 주성분이 되는 것이다. 이때 로딩인 PC_{ij}는 i번째 주성분에 j번째 원 변수(축)가 기여하는 정도라고 해석할 수 있다.

주성분 분석은 독립변수들이 모두 종속변수에 영향을 주는 인자라는 가정이 있다. 반도체 에칭 공정에서 이 가정의 의미는 18개의 독립변수들이 모두 종속변수에 영향을 주고, 영향을 주는 정도의 차이만 있을 뿐이라는 것이다. 따라서 이 가정하에서 독립변수들의 변동이 크다는 것은 종속변수의 변동 또한 크게 만들 것이라 생각할 수 있고, 종속변수를 잘 설명하기 위해서 변동이 큰, 즉 분산이 큰 독립변수를 새롭게 생성하는 것이다. (식 3.2)는 2차원일 때의 예시이고, 이를 독립변수가 n개인 경우인 n 차원으로 확장하면 (식 3.4)와 같다.

$$\begin{aligned} Y_1 &= PC_{11}X_1 + PC_{12}X_2 + \cdots + PC_{1n}X_n \\ Y_2 &= PC_{21}X_1 + PC_{22}X_2 + \cdots + PC_{2n}X_n \\ &\vdots \\ Y_n &= PC_{n1}X_1 + PC_{n2}X_2 + \cdots + PC_{nn}X_n \end{aligned} \quad \text{(식 3.4)}$$

여러 데이터가 있을 경우 (식 3.3)과 같이 변환된 새로운 잠재변수 데이터가 나오고 이들의 분산을 구할 수 있다. 새로 생성된 Y_1, Y_2, ⋯, Y_n 각각에 대해서 분산을 구할 수 있고, 분산을 크게 하는 PC_{ij}를 탐색해야 한다. 먼저 첫 번째 잠재변수인 Y_1의 분산을 최대화하는 식은 아래와 같다.

$$\begin{aligned} &Maximize \quad && Var(Y_1) \\ &Subject\ to \quad && \sum_{i=1}^{n} PC_{1i}^2 = 1 \end{aligned} \qquad \text{(식 3.5)}$$

첫 줄의 *Maximize*는 목적 함수고, 둘째 줄부터 *Subject to* 이하의 내용은 제약식이다. 즉, $\sum_{i=1}^{n} PC_{1i}^2 = 1$의 조건하에서 $Var(Y_1)$를 최대로 하는 PC_{1i} (i = 1, 2, ⋯, n)을 탐색하는 것이다. $\sum_{i=1}^{n} PC_{1i}^2 = 1$의 제약 조건이 없는 경우, PC_{1i}가 무한정 커질 수 있어 결과적으로 $Var(Y_1)$이 한없이 커지게 된다. 이를 방지하기 위해 크기를 1로 제한한다. Y_2부터는 (식 3.6)과 같이 변경사항이 있다.

$$\begin{aligned} &Maximize \quad && Var(Y_k) \\ &Subject\ to \quad && \sum_{i=1}^{n} PC_{ki}^2 = 1 \\ & && Cov(Y_p, Y_k) = 0,\ p = 1, 2, \cdots, k-1 \end{aligned} \qquad \text{(식 3.6)}$$

위 식이 (식 3.5)와 다른 점은 제약식에 마지막 줄이 추가된다는 점이다. 이는 공분산이 0이 되어야 된다는 의미로 쉽게 말해 새로 추가되는 축은 원래 축과 수직으로 추가하여야 된다는 것을 뜻한다. k가 3일 때를 예로 들면 (식 3.7)과 같다. 새로 추가되는 축인 Y_3는 Y_1, Y_2와 동시에 수직이어야 되므로 $Cov(Y_1, Y_3) = 0$, $Cov(Y_2, Y_3) = 0$이 추가된다. 3번째 잠재변수는 첫 번째 및 두 번째 잠재변수와 독립이어야 한다는 의미이다.

$$\begin{aligned} &Maximize && Var(Y_3) \\ &Subject\ to && \sum_{i=1}^{n} PC_{3i}^2 = 1 \\ & && Cov(Y_1, Y_3) = 0 \\ & && Cov(Y_2, Y_3) = 0 \end{aligned} \qquad \text{(식 3.7)}$$

정리하면 주성분 분석은 분산이 가장 큰 축을 찾은 후에 이 축과 수직이며 그중에서 분산이 두 번째로 큰 새로운 축을 찾아나가는 과정을 반복하는 것이다. 결과적으로 기존의 독립변수를 잠재변수로 바꾸면서 데이터를 명확하게 구분한다. 다만, 최적화 과정을 푸는 방법은 자세히 설명되어 있지 않았다. PC_{ij}를 탐색하기 위해서는 기존 데이터의 공분산 행렬을 구한 후 고유값 및 고유벡터를 계산해야 한다. 이는 수학적으로 복잡한 과정을 거치기 때문에 이 책에서는 생략하도록 한다.

3.2.3 SVM-RFE 개념

SVM-RFE는 Isabelle Guyon, Jason Weston, Stephen Barnhill, Vladimir Vapnik가 2002년에 제안[5])하였으며 저자 중 Vladimir Vapnik는 1995년에 SVM을 제안[3])한 학자

이다. SVM-RFE에서 RFE(Recursive Feature Elimination)는 독립변수 중 종속변수와 관련이 없는 변수들을 하나씩 제거해나간다는 뜻이다. SVM-RFE는 SVM을 활용해 관련이 없는 변수를 찾는다. 즉, 데이터에 SVM 모형을 먼저 적용한 후에 모형 내에서 종속변수에 영향력이 가장 적은 독립변수를 찾아 그 변수를 제거한다. 여기서 제거할 변수의 수는 사용자가 직접 선택해야 한다. SVM-RFE의 특징으로는 종속변수에 큰 영향을 주는 중요한 독립변수를 잘 찾는다는 점과 사용자가 임의로 제거할 변수의 수를 지정할 수 있다는 점이 있다. 3.2.4 절에서 SVM-RFE에 대해 구체적으로 알아보기로 하자.

3.2.4 SVM-RFE 이론

SVM-RFE에서는 종속변수에 영향력이 있는 독립변수를 찾을 때 초평면의 식을 사용한다. 고차원인 경우 시각적으로 표현하기 어렵기 때문에 2차원인 경우를 먼저 생각해보자. [그림 3.2]에 종속변수가 −1인 데이터는 동그라미, 종속변수가 1인 데이터는 곱하기로 표시한 데이터를 그림으로 나타내었다. 그리고 $x + 10y - 10 = 0$의 직선은 SVM을 적용했을 때의 초평면이라고 하자.

위의 그림에서 X축과 Y축 중에 어떤 축이 동그라미와 곱하기를 잘 구분한다고 할 수 있을까? X축을 기준으로 봤

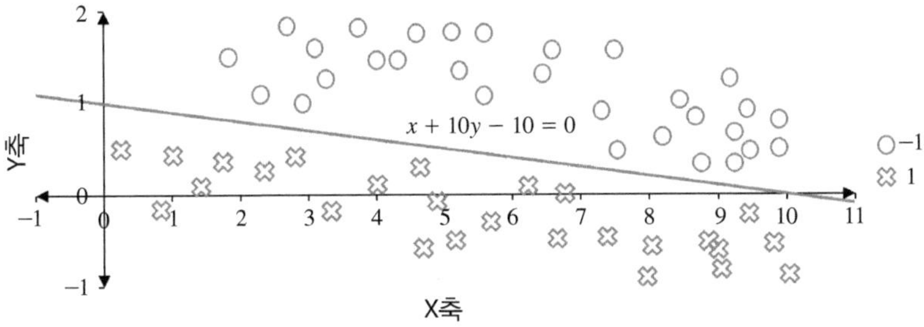

그림 3.2 초평면으로 분류된 데이터 예시

을 때는 동그라미와 곱하기로 표시된 데이터가 산발적으로 나타난다. 반면에 *Y*축을 기준으로 보면 대략 *Y*가 0.5보다 큰 데이터는 동그라미, 0.5보다 작은 데이터는 곱하기로 분류할 수 있다. 따라서 *Y*축이 *X*축에 비해 종속변수에 더 큰 영향을 미친다. 또한 초평면의 식을 보면 x 앞에는 1의 계수가 있고 y 앞에는 10의 계수가 있다. y와 같이 큰 계수를 가지는 독립변수는 그래프상에서 기울기가 완만해져 그 독립변수만으로도 동그라미와 곱하기를 잘 구분할 수 있다.

지금까지 초평면에서 큰 계수를 가지는 독립변수가 종속변수에 큰 영향을 끼친다는 것을 알 수 있었다. n 차원에서의 초평면은 (식 3.8)과 같고, 여기서 작은 회귀계수 (β)를 가지는 독립변수는 종속변수에 영향을 미치지 못한다고 해석할 수 있다.

$$\beta_0 + \beta_1 X_1 + \beta_2 X_2 + \cdots + \beta_n X_n = 0 \qquad \text{(식 3.8)}$$

이때 회귀계수가 음수를 가질 수도 있다. 회귀계수가 음수를 갖는 경우에도 절댓값이 크면 종속변수에 큰 영향을 끼치게 된다. 이는 [그림 3.3]에서 확인할 수 있다. 따라서 단순 회귀계수가 아닌 회귀계수의 절댓값이 큰 순서대로 종속변수에 큰 영향을 미치게 된다. SVM-RFE에서는 회귀계수의 절댓값 대신 회귀계수의 제곱을 비교하여 종속변수에 영향을 미치는 순위를 결정한다.

SVM-RFE는 SVM을 적용해 초평면의 회귀계수를 구해야 한다. 그 후에 회귀계수를 이용하여 각 독립변수의 중요도를 다음과 같은 식을 통해 결정한다. (식 3.9)는 i 번째 ($i = 1, 2, \cdots, n$) 독립변수의 중요도를 나타낸 식이다.

$$w_i = \beta_i^2 \qquad \text{(식 3.9)}$$

반도체 에칭 공정에서는 독립변수의 수가 총 18개이므로 총 18개의 w_i를 계산할 수 있다. 모든 w_i 중 가장 작은 값을 찾고, 그 값에 해당하는 독립변수를 제거한다. 만약 w_3이 0.01로 가장 작은 값을 가졌다면 X_3을 제거하는 것이다. 이 독립변수를 제거한 후, 다시 초평면을 찾아 중요도를 구하고 가장

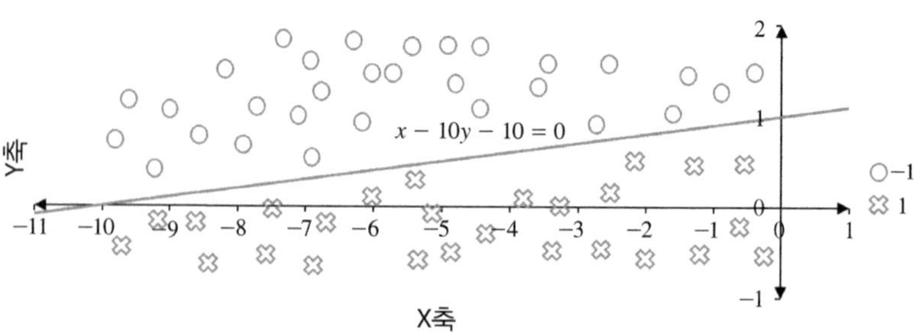

그림 3.3 음수인 회귀계수를 가지는 초평면으로 분류된 데이터 예시

중요하지 않은 변수를 제거하는 과정을 반복한다. 이 과정을 수식으로 표현하면 [표 3.3]과 같다.

Support Vector Machine–Recursive Feature Elimination(SVM-RFE)
Step 0) 제거하고자 하는 독립변수의 수 N을 사용자가 지정
Step 1) 모든 독립변수를 포함한 상태로 SVM 적용
Step 2) 모든 독립변수에 대해 중요도 계산 $$w_i = \beta_i^2$$
Step 3) 가장 작은 값을 갖는 w_i 탐색 $$\text{argmin}_i\ (w_i)$$
Step 4) 가장 작은 중요도를 가지는 독립변수를 제거
Step 5) 제거된 독립변수의 수가 N보다 작으면 남은 독립변수들을 이용해 SVM을 적용
Step 6) 제거된 독립변수의 수가 N과 같아질 때까지 Step 2~Step 5를 반복

표 3.3 SVM-RFE 알고리즘 순서도

위의 표 중 argmin이 의미하는 것은 가장 작은 값을 갖는 계수를 찾는 것이다. w_3이 가장 작은 값을 가졌다면, $\text{argmin}_i(w_i)$의 값은 독립변수 3이 될 것이다. 선형 SVM의 경우 회귀계수가 독립변수의 개수와 동일하게 나오므로 위의 순서대로 진행하면 된다. 하지만, 비선형 SVM의 경우 회귀계수가 독립변수의 개수보다 많이 나올 수 있다. 이런 경우에는 어떻게 해야 될까? 앞에서도 잠깐 언급했지만, 회귀계수를 계산하기 위해서는 라그랑지안 승수법(lagrange multiplier method)과 이차 계획법(quadratic programming)을 사용한다. 라그랑지안 승수법은 제약 조건이 있는 최적화 문제를 푸는 기법이고, 이차 계획법은 목적함수가 선형이 아닌 이차일 때 최적화 문제를 푸는 기법이다. 이 두 방법으로 계산을 하면 비선형 SVM에 대해서도 각각의 독립변수에 대한 회귀계수를 구할 수 있고, 따라서 SVM-RFE를 적용할 수 있을 것이다.

3.3 통계적 분류

통계적 분류란 실제 데이터 마이닝 모형을 사용하여 종속변수를 예측하거나 종속변수에 영향을 미치는 독립변수를 찾는 과정이다. 어떤 데이터 마이닝 모형을 사용하여야 되는지 답은 정해져 있지 않다. 알맞은 데이터 마이닝 모형은 데이터의 구조가 바뀜에 따라 달라진다. 같은 반도체 공정이라도 에칭 공정에서는 SVM의 사용이 적합한 반면, 다른 반도체 공정 중 하나인 포토 공정에서는 SVM의 사용이 부적합할 수도 있다. 따라서 알맞은 모형의 선택이 굉장히 중요하며 이는 모형을 적용하는 사용자의 경험에 좌우될 가능성이 크다.

1장에서 설명한 SVM을 반도체 에칭 공정에 적용하기 전에 3.2장에서 설명한 변수 선택 관련해서 알아두어야 할 사항이 있다. 변수 선택 방법으로 주성분 분석과 SVM-RFE를 다뤘는데, 두 방법의 결과로 선택되는 변수들의 형태가 다르다. SVM-RFE는 기존의 독립변수 중 중요한 독립변수가 변화 없이 선택되는 반면, 주성분 분석은 기존의 독립변수와는 다른 형태의 변수가 생성된다. 간단한 예를 들어보면, X_1, X_2, X_3

의 독립변수가 있을 때 SVM-RFE를 이용하면 X_1, X_3가 선택되고, 주성분 분석을 이용하면 $Y_1(= X_1 + X_2)$, $Y_2(= X_3 - X_2)$가 생성될 수 있다.

이제 SVM을 반도체 에칭 공정에 적용해보자. SVM과 같이 종속 변수를 예측하는 모든 모형은 학습(training)이 필요하다. 학습에 대해 이해하려면 학습 집합(training set)과 검증 집합(validation set)을 알아야 한다. 일반적으로 통계적 분류를 진행하기 위해서 전체 데이터 중 일부는 학습 집합, 나머지를 검증 집합으로 나눈다. 그 후에 학습 집합으로 SVM 모형을 만든다. 즉, 학습 집합을 통해 마진을 최대화하는 평면을 구한다. 이 과정을 모형을 학습한다고 한다. 그리고 검증 집합을 통해 학습 집합에서 구한 평면이 제 역할을 하는지 평가한다.

왜 모든 데이터로 마진을 최대화하는 평면을 구하지 않고, 일부의 데이터로 마진을 최대화하는 평면을 구하고 나머지 데이터로 평면을 잘 구했는지 평가하는 것일까? 그 이유는 과적합의 문제가 발생할 수 있기 때문이다. SVM에서도 다른 알고리즘에 비해 정도가 약할 뿐이지 과적합의 문제에서 벗어날 수 없다. 만일 학습 데이터의 크기가 데이터 모집단의 특성을 모두 나타낼 정도로 크다면 학습된 SVM 모형은 과적합 상태가 아닐 것이다. 그리고 검증 집합도 필요 없을 것이다. 그러나 아쉽게도 현실적으로 학습 데이터의 크기는 제한적이며 모집단의 특성을 모두 반영했다고 할 수 없다. 따라서 일부 데이터를 이용해 과적합 여부를 판단하는 절차가 필요한 것이다. 일반적으로 모형이 과적합되지 않도록 주로 사용하는 방법이 교차 검증(cross validation)이다. 교차 검증은 뒤에서 따로 설명한다.

다시 통계적 분류로 돌아가서, 반도체 에칭 공정에 SVM과 교차 검증을 적용한다. SVM을 적용하여 초평면을 만들면 독립변수들로 종속변수를 예측할 수 있다. 즉, 반도체 에칭 공정의 여러 설비에서 생성되는 설비(독립)변수들로 그 웨이퍼가 정상인지 불량인지 사전에 예측할 수 있다. 그렇다면 예측이 잘 된 것인지 어떻게 알 수 있을까? 예측 정확도는 다음과 같은 순서로 구한다.

1) 모든 데이터에 대해 실제 종속변수 수치와 예측한 종속변수 수치가 같은지 살펴본다.
2) 기존의 종속변수 수치와 예측한 종속변수 수치가 다른 데이터의 개수를 센다.
3) 1)의 모든 데이터의 개수를 n개, 2)의 잘못 예측한 데이터의 개수를 k개라 하면, $\frac{k}{n}$는 잘못 예측한 비율을 의미한다.
4) $1 - \frac{k}{n}$를 예측 정확도로 정의한다.

3)에서 추가로 설명하자면, k는 잘못 예측한 데이터의 개수이므로 최소 0개에서 최대 n개가 될 수 있다. 따라서, $\frac{k}{n}$는 0에서 1의 범위를 갖고 0에 가까울수록 예측이 정확하고 1에 가까울수록 예측이 부정확함을 의미한다. 따라서 이를 1에서 빼면 정확도의 의미로 1에 가까울수록 예측이 정확하다고 할 수 있다.

이제 4장에서는 3장에서 설명한 과정이 실제 프로그래밍 알고리즘인 R을 이용하여 어떻게 적용될 수 있는지 알아보고자 한다.

★ 교차검증이란

▶ 교차 검증에서는 우선 전체 데이터를 k개 부분으로 나눈다. 주로 사용되는 k의 값은 5 에서 10 사이이다. 일반적으로 전체 데이터의 크기가 크면 k = 5를 사용하고 작으면 k = 10을 사용한다. 이 책에서는 10을 사용하도록 한다. 파라미터 k가 10인 검증을 10차 교차 검증(10-fold cross validation)이라고 한다. 전체 데이터 집합을 열 개의 부분 집합으로 나눈 뒤에, 그중 하나를 검증 집합 나머지 9개를 합쳐서 학습 집합으로 설정한다. [그림 3.4]에서와 같이 첫 번째부터 열 번째 부분 집합 모두가 검증 집합이 될 수 있으므로 k가 10인 경우에는 학습 집합과 검증 집합 쌍이 열 개가 생성된다. 열 개의 경우 각각에 대해 학습 집합으로 모형을 구축하고 검증 집합을 대상으로 학습된 모형의 정확도를 산출할 수 있으므로, 최종적으로 10개 정확도 값의 평균을 구한다. 교차 검증을 통해서 구한 평균 정확도는 다양한 학습 집합과 검증 집합을 대상으로부터 나온 값이므로 과적합 정도를 제거한 모형의 신뢰할 수 있는 정확도의 예측치라고 할 수 있을 것이다.

▶ 10차 교차 검증을 거치면 10개의 학습 집합이 생성되고, 따라서 10개의 서로 다른 SVM 모형이 생성된다. 만일 이 중 하나의 모형을 선택해서 에칭 공정에서 진행되는 웨이퍼의 이상여부를 판단한다면 과적합 문제에서 자유롭지 못할 것이다. 따라서, 10개의 SVM 모형을 모두 사용해서 과적합의 문제를 해결하고자 하고 그 방법은 다음과 같다. 10개의 SVM 모형 각각을 사용하여 한 웨이퍼의 이상여부를 판단하면 총 10개의 결과가 나온다. 10개 모형의 결과 중 이상으로 판단한 모형의 수가 더 많다면 그 웨이퍼를 이상으로 판단하고, 정상으로 판단한 모형의 수가 더 많다면 그 웨이퍼를 정상으로 판단한다. 예를 들어, 10개의 모형 중 7개의 모형이 웨이퍼를 이상으로 판단하고, 3개의 모형이 웨이퍼를 정상으로 판단했다면 그 웨이퍼는 이상 웨이퍼라고 보는 것이다. 만약 10개의 모형 중 5개의 모형이 이상, 나머지 5개의 모형이 정상으로 판단한 경우에는 이상여부의 판단이 쉽지 않다. 짝수차 교차 검증이 아닌 9차 교차 검증 같이 홀수차 교차 검증을 사용한다면 이와 같은 경우를 방지할 수 있을 것이다.

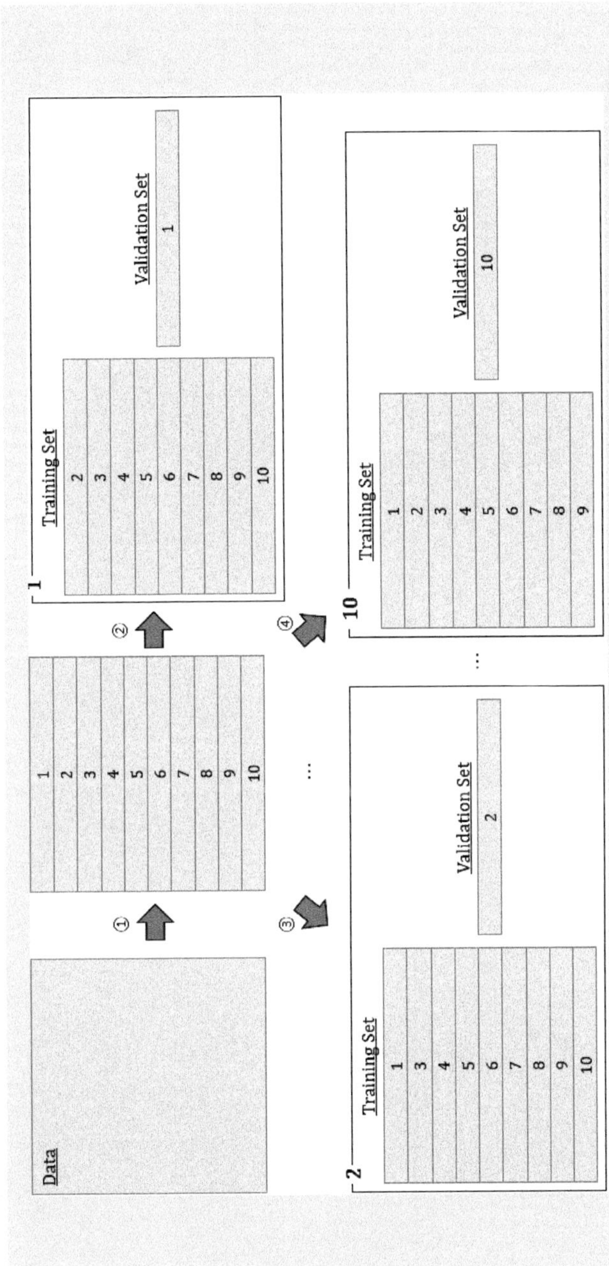

그림 3.4 교차 검증(k-fold cross validation) 예시

제 4 장

R을 이용한 데이터 마이닝

통계 패키지 중 널리 사용되는 프로그램인 R을 활용하여 반도체 에칭 공정의 불량 여부를 예측해보고자 한다. 불량 여부는 SVM을 적용하여 예측하며, R에서 SVM을 이용하기 위해서는 R 패키지인 'e1071'을 저장해야 한다. 'e1071'은 David Meyer가 개발한 패키지로 R에서 SVM을 이용할 때 가장 많이 쓰이는 패키지이다. 이 패키지를 저장하기 위해 아래와 같이 R의 Console 창에 `install.packages('e1071')`을 입력하고 Enter키를 누른다.

```
> install.packages('e1071')
```

```
Console ~/

R version 3.1.1 (2014-07-10) -- "Sock it to Me"
Copyright (C) 2014 The R Foundation for Statistical Computing
Platform: x86_64-w64-mingw32/x64 (64-bit)

R is free software and comes with ABSOLUTELY NO WARRANTY.
You are welcome to redistribute it under certain conditions.
Type 'license()' or 'licence()' for distribution details.

R is a collaborative project with many contributors.
Type 'contributors()' for more information and
'citation()' on how to cite R or R packages in publications.

Type 'demo()' for some demos, 'help()' for on-line help, or
'help.start()' for an HTML browser interface to help.
Type 'q()' to quit R.

> install.packages('e1071')
Installing package into 'C:/Users/yoon/Documents/R/win-library/3.1'
(as 'lib' is unspecified)
trying URL 'http://cran.rstudio.com/bin/windows/contrib/3.1/e1071_1.6-3.zip'
Content type 'application/zip' length 809261 bytes (790 Kb)
opened URL
downloaded 790 Kb

package 'e1071' successfully unpacked and MD5 sums checked

The downloaded binary packages are in
 C:\Users\yoon\AppData\Local\Temp\Rtmp44hrkf\downloaded_packages
> |
```

그림 4.1 'e1071' 패키지 저장 예시

앞의 순서대로 진행하면 [그림 4.1]과 같이 패키지가 성공적으로 저장되었다는 메시지가 나온다. 이제 패키지를 저장했으니 본격적인 데이터 마이닝으로 들어가 보자.

4.1

R을 이용한 데이터 전처리

반도체 에칭 공정의 데이터를 시뮬레이터를 통해 생성한다. 시뮬레이터란 실제 공정이 아닌 가상의 공정에서 데이터를 추출하는 것을 의미하며, 시뮬레이터를 통해 생성되는 데이터는 가상의 데이터이다. 하지만 이 시뮬레이터를 통해 생성된 데이터는 실제 데이터를 기반으로 만들어진다. 실제 정상 데이터를 기반으로 평균, 표준편차, 공분산 등을 계산해 실제 정상 데이터와 유사한 가상의 정상 데이터를 생성한다. 또한 불량 데이터의 경우 세 종류의 불량의 원인을 통해 가상의 불량 데이터를 생성한다. 시뮬레이터에서 생성된 데이터를 평균으로 요약하면 [표 2.2]와 같은 데이터가 생성된다. [표 2.2]의 데이터는 전처리가 완료된 데이터이기 때문에 그대로 사용해도 된다. 따라서 [표 2.2]의 데이터를 불러오는 방법을 소개한 후 데이터 전처리를 마치도록 하겠다.

R에서 데이터를 저장하거나 불러올 때 주로 사용하는 형식은 csv이다. csv는 comma separated value로 각각의 값들이 콤마로 구분되게 저장된 데이터이다. [그림 4.2]와 같이 엑

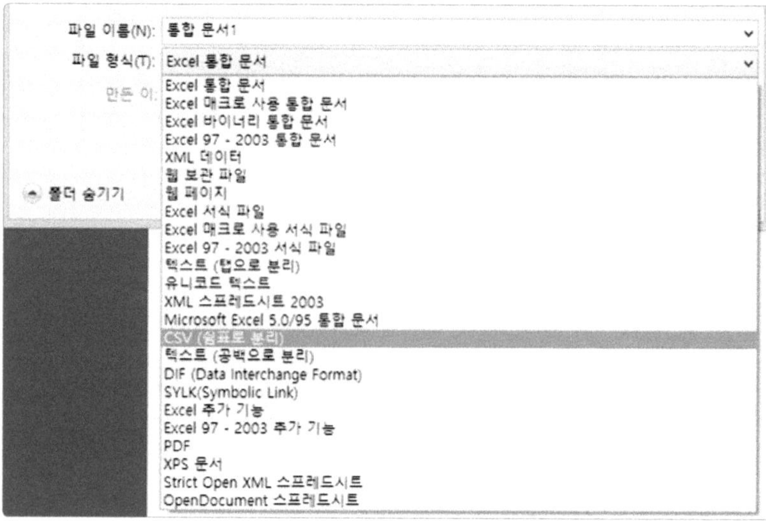

그림 4.2 **엑셀의 csv 형식**

셀의 다른 이름으로 저장에서 파일 형식에 CSV(쉼표로 분리)를 선택하면 CSV 형식으로 데이터를 저장할 수 있다.

이제 R로 돌아가서 csv 형식의 파일을 불러오는 방법을 소개한다. 파일을 불러올 때 [그림 4.3]과 같이 같은 폴더 내에 R 파일과 csv 형식의 데이터 파일이 위치하는 경우에는 조금 더 편하게 불러올 수 있고, 다른 폴더에 위치해도 불러올 수 있다. 같은 폴더 내에 위치하는 경우에는 csv 형식의 데이터 파일의 위치를 알려줄 필요가 없다.

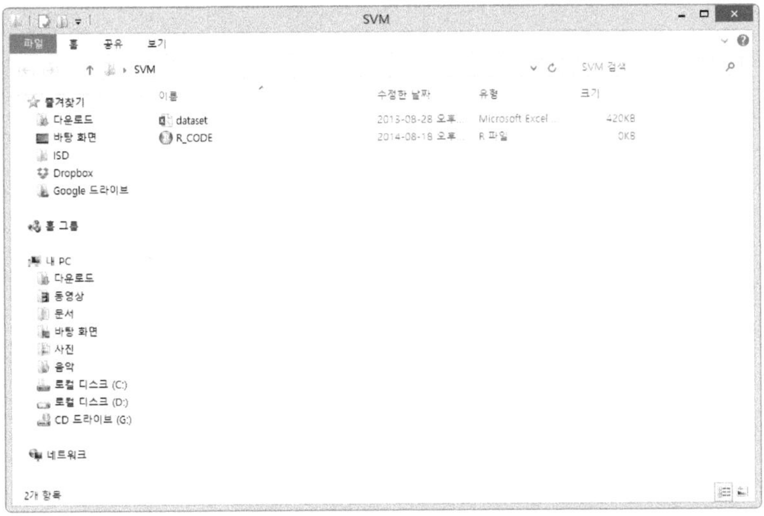

그림 4.3 csv 파일과 r 파일이 같은 폴더 내에 위치하는 경우

아래 코드는 csv 형식의 데이터를 불러오는 코드이다. 같은 폴더 내에 위치하는 경우와 아닌 경우 두 가지 중 하나의 코드만 사용하면 된다. [그림 4.4]와 같이 각 줄 앞에 #이 있는 경우 주석 처리가 되어 어떤 내용을 써도 코드에 영향을 미치지 않는다. 주석 처리된 내용은 초록색으로 표시된다.

```
## R 코드와 데이터 파일이 같은 폴더 내에 위치하는 경우
svm.data = read.csv("dataset.csv", header=TRUE)


## R 코드와 데이터 파일이 다른 폴더에 위치하는 경우
svm.data = read.csv("D:/SVM/code/dataset.csv",
    ➥header=TRUE)
```

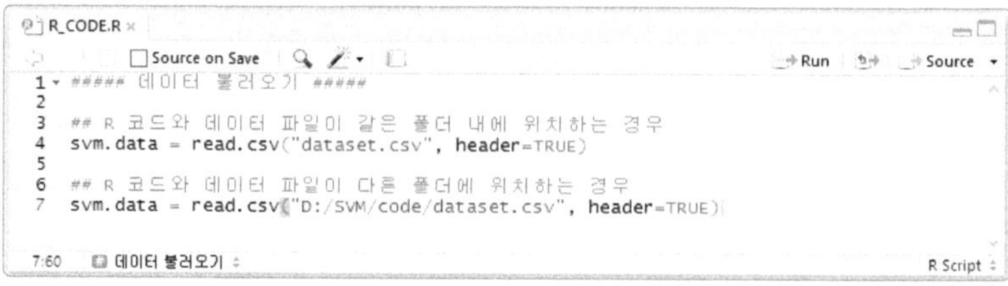

그림 4.4 데이터를 불러오는 R 코드 및 주석 예시

먼저, 같은 폴더 내에 위치하는 경우를 보면 `read.csv("dataset.csv", header=TRUE)`에서 `read.csv`는 R에서 기본적으로 제공하는 함수로 csv 파일을 불러오는 역할을 한다. csv 파일을 불러오기 위해 두 가지 필요한 사항이 있다. `read.csv` 뒤의 괄호 안에 콤마로 구분된 두 가지가 필요한 사항으로 먼저 `"dataset.csv"`는 데이터 파일의 이름과 확장자이다. 두 번째 header=TRUE는 열의 이름이 있는지 여부를 표시하는 역할이다. [그림 4.5]와 같이 X1, X2 등의 열 이름이 있는 경우는 header=TRUE, X1, X2가 없고 바로 357.1059, 19381.74와 같은 숫자로 시작한다면 header=FALSE를 입력하면 된다. 현재 데이터는 [그림 4.5]와 같으므로 header=TRUE를 입력한다. 이렇게 `read.csv`를 통해 불러온 데이터를 `svm.data`에 저장하라는 코드가 `"svm.data ="`이다. 주로 프로그래밍 언어에서 "="가 뜻하는 바는 오른쪽의 값을 왼쪽에 대입하라는 의미이며 "같다"를 나타내기 위해서는 "=="을 사용한다.

	A	B	C	D	E
1	X1	X2	X3	X4	X5
2	357.1059	19381.74	28143.46	-12.1747	16820.37
3	346.8798	18799.32	26950.33	-28.0943	16389
4	346.7185	19684.31	28413.71	11.85138	16326.88

그림 4.5　열의 이름이 있는 경우의 데이터

코드가 적힌 R 파일과 csv 형식의 데이터 파일이 다른 위치에 저장되어 있는 경우, 앞의 경우와 파일 이름을 제외하고 동일하다. 파일 이름에 파일의 위치까지 포함해서 적어주기만 하면 된다. 만약 D드라이브의 SVM 폴더의 code 폴더 안에 dataset.csv라는 데이터가 있다면 [그림 4.4]와 같이 파일 이름 및 확장자를 입력하는 장소에 `"D:/SVM/code/dataset.csv"`를 입력해주면 된다. 대소문자를 구분하므로 정확하게 입력해야 한다.

정리하면 데이터를 불러오기 위해서 [그림 4.4]의 4번째 줄 또는 7번째 줄의 코드 중 하나를 사용하면 되며, 파일 이름과 `header` 옆의 `TRUE` 또는 `FALSE`를 데이터 형식에 맞게 바꿔주면 된다.

4.2
R을 이용한 변수 선택

4.2.1 주성분 분석을 통한 변수 선택

주성분 분석(principal component analysis)은 R 프로그램 내에서 지원하기 때문에 새로운 패키지를 받을 필요가 없다. prcomp라는 함수를 이용하면 되는데 자세한 코드는 아래와 같다.

```
pca = function(svm.data){
  x = svm.data[,-ncol(svm.data)]
  y = svm.data[,ncol(svm.data)]
  pc = prcomp(x, scale = TRUE)
  selectedData = cbind(pc[[5]], y)
  return(selectedData)
}
```

먼저, pca라는 함수를 만들기 위해 첫 번째 줄을 작성한다. 이 함수는 반도체 에칭 공정 데이터인 svm.data를 받아서 마지막 줄의 return 값인 selectedData를 내보낸다. 주성분 분석은 독립변수 간의 분산을 계산하는 알고리즘이기 때문에 종속변수는 필요가 없다. 따라서 독립변수와 종속변수를 나누어야 한다. 데이터 중 마지막 열에 종속변수의 데이터가 들어있기 때문에 독립변수인 x에는 마지막 열을 제외해야 되고, 종속변수인 y에는 마지막 열만 포함되어야 한다. 이를 나타낸 코드가 두 번째와 세 번째 줄의 코드이다.

네 번째 줄은 실제 주성분 분석을 실행하는 코드이다. prcomp라는 R에서 제공하는 함수를 사용하며, 독립변수인 x로 주성분 분석을 실행하라는 의미이다. 또한 scale=TRUE는 주성분 분석을 실행하기 전에 독립변수의 정규화를 진행하라는 의미이다. 주성분 분석을 실행한 결과가 pc에 저장되는데 크게 다섯 개의 데이터가 저장된다. 첫 번째로는 새로 만들어진 변수들의 분산에 대한 정보가 들어있다. 두 번째 데이터는 기존 독립변수로 새로운 변수를 만드는 식에 대한 정보 세 번째와 네 번째 데이터에는 기존 데이터의 정보 마지막으로 다섯 번째 데이터에는 새로 만들어진 변수가 들어있다. 이 중 우리에게 필요한 정보는 다섯 번째 데이터인 새로 만들어진 변수이다. 따라서 selectedData = cbind(pc[[5]], y)에서 새로 만들어진 변수인 pc[[5]]와 기존 변수의 종속변수인 y를 합쳐서 새로운 데이터 집합을 만들게 된다. 이렇게 함수를 만든 후에 이 함수를 실행하는 코드를 실행해야 된다. 이 코드는 다음과 같다.

```
selectedData = pca(svm.data)
```

이 코드를 통해 주성분 분석의 결과가 selectedData에 저장되며, 선택된 변수들의 일부는 [표 4.1]과 같다. 주성분 분석 후의 독립변수 이름은 $PC_1, PC_2, \cdots, PC_{18}$이라고 하자.

4.2.2 SVM-RFE를 통한 변수 선택

SVM-RFE를 통해 주요 독립변수를 선택하기 전에 몇 개의 독립변수를 선택할지 결정해야 한다. 이는 SVM-RFE의 단점으로 볼 수 있는데, 몇 개의 독립변수가 종속변수에 영향을 미치는지 사전에 아는 것은 불가능에 가깝다. 따라서 변수를 제거해나가며 최적의 변수의 수를 찾는 것이 필요하다. 하지만, 아직 이 부분에 대해서는 연구가 충분히 진행되지 않았다. 반도체 에칭 공정의 변수의 수는 총 18개이며, 이 책에서는 이 중 절반에 해당하는 9개의 변수를 선택하도록 한다.

아래 코드는 변수 선택과 관련된 R 코드이다. 먼저, `library('e1071')`은 SVM 패키지를 불러오는 역할을 한다. SVM-RFE에서도 SVM을 사용하기 때문에 패키지를 불러와야 하며 한 번 불러오면 R을 종료할 때까지 패키지를 다시 불러올 필요는 없다. 나머지 코드는 SVM-RFE 알고리즘을 함수화한 것이다. `svmrfe`로 시작하는 줄을 보면 `svm-rfe`라는 함수(`function`)를 만들되, `svm.data`, `numof-`

ID	PC_1	PC_2	PC_3	PC_4	PC_5	PC_6	PC_7	PC_8	PC_9	PC_{10}	PC_{11}	PC_{12}	PC_{13}	PC_{14}	PC_{15}	PC_{16}	PC_{17}	PC_{18}	Y
1	−3.20	−0.11	−0.90	0.03	−0.02	0.02	-0.03	0.00	−0.16	0.38	0.02	−0.01	0.09	−0.01	−0.01	−0.01	0.03	−0.02	0
2	−3.27	0.39	−0.37	−0.07	−0.05	0.03	-0.03	0.01	−0.24	0.48	−0.01	0.13	0.06	0.06	0.03	0.00	0.01	−0.02	0
3	−3.72	−0.43	0.53	0.02	-0.04	−0.05	−0.06	0.06	0.16	−0.16	−0.03	0.02	0.01	−0.08	−0.02	0.02	−0.01	0.02	0
4	−3.69	0.32	1.00	−0.02	0.05	0.08	−0.01	0.06	0.50	0.11	−0.01	0.02	0.00	0.00	−0.02	0.08	−0.02	0.04	0
5	−3.39	−1.91	−1.10	0.09	−0.05	0.03	0.09	−0.01	0.10	0.12	−0.01	0.01	0.02	0.03	−0.04	−0.03	0.01	−0.01	0
6	−3.67	2.96	1.43	−0.01	0.02	−0.02	−0.13	−0.01	0.43	0.01	−0.04	0.05	0.11	−0.04	0.04	0.00	−0.03	−0.02	0
7	−3.59	0.12	0.91	−0.01	0.02	−0.08	−0.02	0.04	−0.20	0.04	0.00	0.03	0.00	0.02	0.00	−0.02	0.02	0.02	0
8	−3.64	−0.10	0.72	−0.05	0.00	0.03	−0.04	0.01	−0.19	−0.24	−0.01	−0.01	0.02	0.00	−0.01	−0.07	−0.05	−0.02	0
9	−3.45	−0.08	−0.39	0.03	−0.06	0.01	−0.01	0.01	−0.20	−0.10	−0.06	−0.06	−0.01	0.04	0.00	0.05	−0.04	0.04	0
10	−3.32	−0.88	−0.44	0.00	−0.08	0.01	−0.07	−0.02	−0.01	0.30	0.01	0.04	−0.04	0.06	0.00	0.05	0.07	−0.02	0
11	4.14	−0.30	−0.23	0.10	−0.05	−0.05	−1.78	1.26	0.03	0.68	0.10	0.06	0.04	−0.07	−0.03	−0.02	−0.02	−0.02	1
12	3.95	−1.23	1.13	−2.21	0.19	0.30	0.48	0.22	−0.46	−0.14	0.11	0.04	0.01	0.00	−0.04	0.01	0.09	−0.02	1
13	4.10	0.27	0.06	−2.14	0.12	0.41	0.48	0.08	−0.31	−0.18	0.09	−0.02	0.00	−0.01	−0.10	−0.05	0.01	−0.03	1
14	4.14	−0.08	−0.26	0.01	−0.01	−0.13	−1.07	−2.12	0.09	0.55	0.14	−0.02	0.09	0.04	−0.03	0.01	0.00	0.04	1
15	4.02	−0.90	-0.81	−2.17	0.04	0.43	0.46	0.15	−0.05	−0.12	0.11	−0.12	0.03	0.01	0.00	−0.04	−0.03	0.01	1
16	4.12	1.72	−0.26	0.89	1.72	0.73	0.51	0.01	0.07	0.15	0.08	0.08	−0.05	0.07	−0.02	0.00	0.00	0.01	1
17	3.94	−0.71	−0.74	0.10	−0.03	−0.04	−1.83	1.14	−0.23	−0.37	0.11	−0.02	−0.04	0.05	−0.05	−0.02	0.03	0.00	1
18	4.05	−0.53	−0.10	−2.10	0.06	0.46	0.47	0.11	0.14	0.53	0.06	−0.04	0.04	−0.06	0.03	0.01	0.07	−0.02	1
19	4.21	1.51	−0.55	−2.20	0.16	0.55	0.56	0.03	−0.78	−0.21	0.10	0.00	−0.02	−0.01	0.04	−0.05	−0.04	−0.02	1
20	4.12	−0.04	−0.86	0.27	−0.18	−1.99	0.71	0.15	−0.28	0.08	0.05	0.02	0.06	−0.03	−0.03	−0.04	0.01	0.08	1

표 4.1 주성분 분석 후의 데이터 일부

features를 모수로 받으라는 뜻이다. 또, 마지막 줄을 보면 return(selectedData)가 있다. 이는 SVM-RFE 결과 선택된 변수를 내보내라는 뜻이다. 즉 svmrfe라는 함수는 전처리된 데이터(svm.data)와 선택할 변수의 수(numoffeatures)를 받아서 변수 선택한 데이터(selectedData)를 내보내는 함수이다. 전반적인 코드는 Guyon의 코드를 사용하였고, 상황에 맞도록 약간 수정하였다.

```
library('e1071')

svmrfe = function(svm.data, numoffeatures){
  x = svm.data[,-ncol(svm.data)]
  y = svm.data[,ncol(svm.data)]
  n = ncol(x)

  survivingFeaturesIndexes = seq(1:n)
  featureRankedList = vector(length=n)
  rankedFeatureIndex = n

  while(length(survivingFeaturesIndexes)>0){
    # SVM 모형 학습
    svmModel = svm(x[,survivingFeaturesIndexes],
    ➥y, scale=T, cross=10, type="C-
    ➥classification", kernel = "radial")

    # SVM의 가중치 벡터 계산
    w = t(svmModel$coefs)%*%svmModel$SV

    # 가중치 벡터를 제곱하여 순서를 정하는 데 사용
    rankingCriteria = w * w

    # 변수들의 순서를 정함
```

```
    ranking = sort(rankingCriteria, index.return =
    ➥TRUE)$ix

    # featureRankedList를 업데이트(가장 영향력이 부족한
    ➥변수를 낮은 순위에 저장)
    featureRankedList[rankedFeatureIndex] = surviv
    ➥ingFeaturesIndexes[ranking[1]]
    rankedFeatureIndex = rankedFeatureIndex - 1

    # 가장 영향력이 부족한 변수를 제거
    (survivingFeaturesIndexes =
    ➥survivingFeaturesIndexes[-ranking[1]])
  }

  index = sort(featureRankedList[1:numoffeatures])
  selectedData = subset(x, select = index)
  selectedData = cbind(selectedData, y)
  return(selectedData)
}
```

위 코드는 함수를 만든 코드이고, 이를 실제 데이터에 적용하려면 함수를 불러오는 코드가 필요하다. 이 코드는 아래와 같다. 이 코드가 의미하는 바는 svmrfe 함수에서 내보낸 값을 selectedData에 저장하라는 의미이다. svm.data는 앞서 불러온 데이터를 뜻하고, 9가 의미하는 것은 전체 독립변수 중 9개의 독립변수를 선택하라는 것이다. 만약, 전체 독립변수가 9개를 넘지 않는다면 전체 독립변수를 선택하도록 되어있다.

```
> selectedData = svmrfe(svm.data, 9)
```

위의 코드를 실행하였을 때, `selectedData`는 [그림 4.6]과 같다. 선택된 변수는 X_1, X_3, X_5, X_6, X_{10}, X_{11}, X_{15}, X_{16}, X_{17}으로 총 9가지이다. X_1, X_3, X_5는 TCP와 관련된 변수이고, X_6, X_{10}, X_{11}은 RF와 관련된 변수이다. 그리고, X_{15}, X_{16}은 기체의 흐름, X_{17}은 압력과 관련된 변수이다.

	X1	X3	X5	X6	X10	X11	X15	X16	X17	y
1	357.1059	28143.46	16820.37	134.6694	16095.19	26.04990	752.0368	756.3813	97.90950	0
2	346.8798	26950.33	16389.00	133.5428	15831.18	27.56084	743.1120	773.7016	98.25487	0
3	346.7185	28413.71	16326.88	129.1347	16369.45	25.82941	744.5004	765.9987	98.15808	0
4	341.5824	27450.88	15993.65	134.3944	16514.21	26.20417	738.3162	728.7565	101.79381	0
5	348.2469	28671.88	16685.62	133.8911	16544.32	26.05526	733.5777	741.8377	102.67176	0
6	361.2987	28390.37	16536.07	133.5349	15690.30	26.49925	753.6095	769.4471	99.69703	0
7	344.0303	27941.56	16635.61	132.0987	16420.27	26.30325	751.0924	751.6147	100.41759	0
8	358.3955	27382.93	16721.85	133.3997	16754.84	25.85102	744.2262	757.7253	100.01093	0
9	340.5627	28420.80	16036.34	137.2583	16693.09	25.42894	744.3414	773.8892	99.12074	0
10	341.2261	28239.85	16342.29	133.4062	16537.07	26.58303	747.3144	780.8700	98.88846	0

그림 4.6 selectedData의 일부

4.3 R을 이용한 통계적 분류

SVM 패키지인 'e1071'을 이용하여 SVM을 적용하기 전에 데이터를 학습 데이터와 검증 데이터로 나누어야 한다. 학습 데이터는 전체 데이터의 70%, 검증 데이터는 전체 데이터의 30%를 사용한다. 이는 데이터 마이닝에서 주로 사용하는 수치이지만 꼭 70%와 30%로 나눌 필요는 없다. 학습 데이터와 검증 데이터를 나누는 코드는 아래와 같다.

```
> n = nrow(selectedData)
> randData = selectedData[sample(n),]
> num = round(n*0.7)
> trainingData = randData[1:num,]
> validationData = randData[(num+1):n,]
```

첫 번째 줄은 전체 데이터의 수를 n이라 지정하는 것이고, 그 다음 줄은 전체 데이터를 재배열하는 과정이다. 그 후에 위에서부터 70%는 학습 데이터, 나머지 30%는 검증 데이터로 지정한다. 학습 데이터와 검증 데이터를 무작위로 추출하기 위해 위와 같은 과정을 거치게 된다. 학습 데이터와 검증 데이터를 분류한 후에 학습 데이터로 SVM 모형을 만들어야 한다. 'e1071' 패키지를 이용하여 SVM 모형을 학습하는 코드는 아래와 같다.

```
> x = trainingData[,-ncol(trainingData)]
> y = trainingData[,ncol(trainingData)]
> svmModel = svm(x, y, scale = T, cross=10,
    ➥type="C-classification",
                kernel = "radial")
```

학습 데이터로 SVM 모형을 학습하기 위해서 독립변수와 종속변수로 나누어야 한다. 데이터를 생성할 때 마지막 열에 종속변수를 입력했으므로 전체 데이터에서 마지막 열을 빼준 데이터는 독립변수, 마지막 열에 해당하는 데이터는 종속변수이다. 이는 4.2.1절에서 독립변수와 종속변수를 나눈 코드와 거의 동일한 코드이다. 첫 번째 줄은 독립변수(X)를 정의한 것이고, 두 번째 줄은 종속변수(Y)를 정의한 것이다. 마지막 줄은 svm 모형을 학습하는 과정이고, `svm(x, y, scale = F, cross=10, type="C-classification", kernel = "radial")`에서 먼저 독립변수와 종속변수를 입력해야 한다. `scale`, `cross`, `type`, `kernel`은 꼭 필요한 모수는 아니지만 모형의 정확성을 향상시키기 위해 추가한 모수이다.

먼저, `scale`의 경우 모든 독립변수의 평균을 0, 분산을 1로 맞춰준다. 이를 정규화(normalization)라 한다. SVM에서는 좌표평면에서의 거리를 계산하기 때문에 scale 여부에 따라서 결과가 꽤 달라질 수 있다. scale = T로 설정하면 모든 독립변수에 대해 정규화를 거치고, scale = F로 설정하면 독립변수들을 변환하지 않는다. 이 설정에 대한 언급을 하지 않을 경우 자동적으로 모든 독립변수들이 정규화 과정을 거치게 된다. 즉 독립변수들에 대해 정규화를 하고 싶은 경우, scale = T를 입력하거나 아무것도 입력하지 않으면 된다. cross의 경우는 앞서 설명한 교차 검증 (k-fold cross validation)과 관련된 모수이다. cross=10은 k가 10임을 의미하며, 이를 통해 과적합의 문제를 줄이고 모형의 예측력을 향상시킨다. type="C-classification"은 종속변수가 범주형일 때 사용하는 모수이다. 반도체 에칭 공정에서의 종속변수는 정상/불량이므로 범주형이다. 범주형의 다른 예로는 신용등급, 순위, 혈액형, 성별 등이 있다. 마지막으로 kernel은 1.3장 비선형 SVM 알고리즘에서 설명한 커널 함수를 설정하는 모수이다. 'e1071' 패키지에서 제공하는 커널 함수는 선형 함수(linear), 다항 함수(polynomial), 방사형 함수(radial), 시그모이드(sigmoid) 함수가 있는데 이 중 원하는 함수를 선택하면 된다.

SVM 모형을 학습한 후에 검증데이터로 이 모형의 예측력을 평가해야 한다. 이와 관련된 코드는 아래와 같다.

```
> svmpred = predict(svmModel, validationData[,-
    ➥ncol(validationData)])
> errorvector = abs(as.numeric(validationData[,nco
    ➥l(validationData)])
                    - as.numeric(svmpred) + 1)
> errorrate = sum(errorvector)/
    ➥nrow(validationData)
> accuracy = 1 - errorrate
```

첫 번째 줄에서 앞서 학습한 모형인 svmModel을 사용하여 검증 데이터인 validationData의 독립변수들을 통해 종속변수를 예측한다. 다시 말해, 검증 데이터에는 원래 종속변수가 존재하지만 종속변수가 없다고 가정하고 svmModel로 예측하는 과정이다. 이런 과정을 통해 원래 가지고 있던 종속변수와 예측한 종속변수를 비교하여 모델의 정확도를 측정할 수 있다. 그 다음 줄은 각각의 데이터(웨이퍼)에 대해 기존 종속변수와 예측한 종속변수가 같으면 0, 다르면 1이 나오도록 계산하는 코드이다. 기존 종속변수와 예측한 종속변수가 다른 경우, 즉 잘못 예측한 경우 1이 나오므로 모든 웨이퍼에 대해 이 값을 더하게 되면 잘못 예측한 데이터의 수가 된다. 이를 전체 데이터의 수로 나누게 되면 잘못 예측한 비율(=errorrate)이 되는데 이는 마지막에서 두 번째 줄에 나타나 있다. 마지막으로 잘못 예측한 비율을 1에서 빼주면 예측 정확도가 된다.

통계적 분류의 코드 전문은 아래과 같다.

```
svmkfold = function(selectedData){

  ## 학습 데이터와 검증 데이터로 분류
  n = nrow(selectedData)
  randData = selectedData[sample(n),]
  num = round(n*0.7)
  trainingData = randData[1:num,]
  validationData = randData[(num+1):n,]

  ## SVM 모형 학습
  x = trainingData[,-ncol(trainingData)]
  y = trainingData[,ncol(trainingData)]
  svmModel = svm(x, y, scale = T, cross=10,
   ➥type="C-classification",
                 kernel = "radial")

  ## SVM 모형을 통한 예측 및 정확도 검증
  svmpred = predict(svmModel, validationData[,-
   ➥ncol(validationData)])
  errorvector = abs(as.numeric(validationData[,nco
   ➥l(validationData)])
                    - as.numeric(svmpred) + 1)
  errorrate = sum(errorvector)/
   ➥nrow(validationData)
  accuracy = 1 - errorrate
  return(accuracy)
}
```

변수 선택의 경우와 마찬가지로 하나의 함수로 만들었다. 함수의 이름은 svmkfold이며 변수 선택의 결과인 selected-Data를 입력하면 SVM 모형의 예측 정확도를 출력해준다. 이 함수를 사용하는 방법은 아래와 같다. 하지만 이 예측 정확도는 시행마다 조금씩 달라질 수 있다. 이에 대한 원인은 6장의 연습 문제에서 다뤄보기로 하자.

```
> accuracy = svmkfold(selectedData)
```

4.4 R을 이용한 SVM 분석 요약

이 장에서는 R 코드를 좀 더 간단히 사용할 수 있는 방법을 소개하고자 한다. 4.1~4.3에서 변수를 선택하는 함수인 svmrfe와 통계적 분류 함수인 svmkfold를 새로 만들었다. 이 두 함수를 자세히 알면 원하는 방식대로 변형이 가능하지만, 두 함수에 대해 알지 못하는 경우에도 다음과 같은 순서를 따르면 R을 이용하여 원하는 도메인에 SVM을 적용할 수 있다.

먼저, 함수를 생성하는 코드는 아래와 같다. 이 부분은 4.1~4.3장의 내용을 그대로 가져왔으며, 수정을 할 필요가 없이 그대로 입력해주면 된다.

```
library('e1071')

pca = function(svm.data){
  x = svm.data[,-ncol(svm.data)]
  y = svm.data[,ncol(svm.data)]
  pc = prcomp(x, scale = TRUE)
  selectedData = cbind(pc[[5]], y)
  return(selectedData)
```

```
}

svmrfe = function(svm.data, numoffeatures){
  x = svm.data[,-ncol(svm.data)]
  y = svm.data[,ncol(svm.data)]
  n = ncol(x)

  survivingFeaturesIndexes = seq(1:n)
  featureRankedList = vector(length=n)
  rankedFeatureIndex = n

  while(length(survivingFeaturesIndexes)>0){
    # SVM 모형 학습
    svmModel = svm(x[, survivingFeaturesIndexes],
    ➥y, scale=T, cross=10,
                   type="C-classification", kernel
    ➥= "radial")

    # SVM의 가중치 벡터 계산
    w = t(svmModel$coefs)%*%svmModel$SV

    # 가중치 벡터를 제곱하여 순서를 정하는 데 사용
    rankingCriteria = w * w

    # 변수들의 순서를 정함
    ranking = sort(rankingCriteria, index.return =
    ➥TRUE)$ix

    # featureRankedList를 업데이트 (가장 영향력이
    ➥부족한 변수를 낮은 순위에 저장)
    featureRankedList[rankedFeatureIndex] = surviv
    ➥ingFeaturesIndexes[ranking[1]]
    rankedFeatureIndex = rankedFeatureIndex - 1

    # 가장 영향력이 부족한 변수를 제거
    (survivingFeaturesIndexes =
```

```
    ➥survivingFeaturesIndexes[-ranking[1]])
  }

  index = sort(featureRankedList[1:numoffeatures])
  selectedData = subset(x, select = index)
  selectedData = cbind(selectedData, y)
  return(selectedData)
}

svmkfold = function(selectedData){

  ## 학습 데이터와 검증 데이터로 분류
  n = nrow(selectedData)
  randData = selectedData[sample(n),]
  num = round(n*0.7)
  trainingData = randData[1:num,]
  validationData = randData[(num+1):n,]

  ## SVM 모형 학습
  x = trainingData[,-ncol(trainingData)]
  y = trainingData[,ncol(trainingData)]
  svmModel = svm(x, y, scale = T, cross=10,
    ➥type="C-classification",
                    kernel = "radial")

  ## SVM 모형을 통한 예측 및 정확도 검증
  svmpred = predict(svmModel, validationData[,-
    ➥ncol(validationData)])
  errorvector = abs(as.numeric(validationData[,nco
    ➥l(validationData)])
                    - as.numeric(svmpred) + 1)
  errorrate = sum(errorvector)/
    ➥nrow(validationData)
  accuracy = 1 - errorrate
  return(accuracy)
}
```

이제, 함수를 저장하는 코드가 아닌 실제로 분석에 사용되는 코드를 입력해야 한다. 이와 관련된 코드는 아래와 같다. 아래 코드를 전부 사용하는 것은 아니며, 선택하여 사용한다.

```
> svm.data = read.csv("dataset.csv", header=TRUE)

> selectedData = pca(svm.data)

> selectedData = svmrfe(svm.data, 9)

> accuracy = svmkfold(selectedData)
```

먼저, R 코드와 데이터를 같은 폴더 내에 저장해야 한다. 그 후에 첫 번째 줄에서 "dataset.csv"와 TRUE 부분을 수정한다. "dataset.csv"는 "데이터명.확장자"이며, 확장자가 csv 형식이 아니라면 csv 형식으로 바꿔야 한다. 데이터명이 dataname이라면 "dataset.csv" 대신에 "dataname.csv"를 입력하면 된다. 현재는 데이터명이 dataset이기 때문에 "dataset.csv"로 되어 있는 것이다. 또한, TRUE 부분은 데이터의 첫 행에 각 열의 설명이 있는 경우에는 TRUE, 데이터의 첫 행이 바로 첫 번째 데이터인 경우에는 FALSE를 써주면 된다.

두 번째로 변수 선택에 사용할 함수를 선택해야 한다. 앞서 설명한 주성분 분석과 SVM-RFE가 있다. 두 번째 줄은 주성분 분석, 세 번째 줄은 SVM-RFE이다. 세 번째 줄에서 숫자 9는 선택할 독립변수의 수를 의미하며 원하는 숫자로 바꿀 수 있다. 한 가지 주의할 점은 전체 독립변수의 수가 5일 때 9를 입력하면 전체 독립변수를 선택하게 된다. 즉, 전체 독립변수보다 큰 수의 변수를 선택할 시에 오류가 발생하진 않지만 변수 선택을 하는 의미가 없어진다. 두 번째와 세 번째 줄은 둘 중 하나의 코드만 사용하면 된다.

마지막 줄은 SVM을 적용하는 코드이며 결과로 분석의 정확도가 도출된다. 위의 코드에서 줄을 기준으로 봤을 때, 1-2-4 또는 1-3-4 순으로 코드를 작성한다. 이렇게 작성한 코드를 드래그한 후에 우측 상단의 Run을 누르면 R에서 데이터를 불러온 후 SVM을 적용한다. 더 간단한 방법은 단축키를 이용하면 된다. 전체 코드를 드래그하는 단축키는 Ctrl(컨트롤키) + a(영문a)이고, Run에 대한 단축키는 Ctrl + Enter (엔터키)이다. 변수 선택 방법 중 SVM-RFE를 선택하여 실행하면 [그림 4.7]과 같이 SVM의 정확도를 의미하는 accuracy 및 데이터, 함수 등이 생성된다.

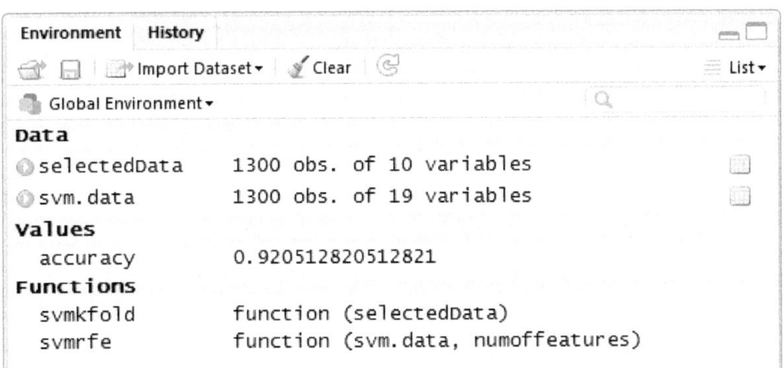

그림 4.7 코드 실행 시 데이터, 수치, 함수의 생성

4.5 결과 분석

4.5.1 주성분 분석을 사용한 경우

분석 순서는 반도체 에칭 공정 데이터를 불러오고, 주성분 분석을 통해 새로운 독립변수를 생성하며, 마지막으로 SVM 모형을 만든다. 일반적으로 주성분 분석은 독립변수 간의 조합을 통해 데이터를 더 잘 설명할 수 있는 새로운 변수를 만든다. 이때 기존 독립변수의 수와 새로 생성된 변수의 수는 일정하다. 하지만 주성분 분석은 독립변수의 차원 축소의 목적으로도 사용된다. 그렇다면 차원 축소는 어떻게 이루어지는 것일까? 새로 생성된 변수를 PC_i, 전체 변수의 개수를 n이라 했을 때 차원 축소는 (식 4.1)을 통해 이루어진다.

$$\frac{Var(PC_1) + Var(PC_2) + \cdots + Var(PC_k)}{Var(PC_1) + Var(PC_2) + \cdots + Var(PC_k) + \cdots + Var(PC_n)} \geq 0.7$$

(식 4.1)

(식 4.1)을 만족하는 최소의 k를 찾아야 된다. 주성분 분석에서는 각 변수의 분산이 데이터의 설명력을 의미하기 때문에 분산이 높다는 것은 그 변수가 데이터를 잘 설명하고, 분산이 낮으면 그 변수는 데이터를 거의 설명하지 못한다고 본다. 따라서 좌변의 분모는 전체 변수의 분산을 더한 값으로 전체 변수의 설명력을 의미한다. 좌변의 분자는 전체 변수 n개 중에서 분산이 큰 순서대로 k개 $(0 \leq k \leq n)$의 변수를 선택했을 때 k개 변수의 설명력을 의미한다. 따라서 (식 4.1)이 의미하는 것은 전체 변수의 설명력의 70%를 설명할 수 있는 변수의 수를 찾는 것이다. 이와 같은 방법으로 변수 집합의 차원을 축소할 수 있다.

차원을 축소하지 않고 SVM 모형을 적용했을 때 예측 정확도는 약 92.82%가 나왔다. 예측 정확도는 분야마다 상당히 차이가 날 수 있다. 크게 자연과학과 인문학으로 나눌 수 있는데, 자연과학에서는 예측 정확도가 60~70%는 되어야 높다고 하고 그 이하인 경우에는 예측이 크게 의미가 없다고 본다. 하지만 인문학의 경우는 예측 정확도가 40% 정도만 되도 예측 정확도가 괜찮다고 말한다. 자연과학에서도 60~70%가 넘으면 예측 정확도가 높다고 하는 상황에서 현재 나타난 92.82%의 정확도는 매우 높은 수치임을 알 수 있다.

4.5.2 SVM-RFE를 사용한 경우

먼저, SVM-RFE를 통해 선택된 변수는 [그림 4.8]과 같다. 이는 [그림 4.7]의 `selectedData`를 클릭했을 때의 결과이다. 각 변수에 대한 설명은 4.2.2절의 [그림 4.6]을 통해 설명하였다. 이 변수들은 마진을 크게 만드는 데 중요한 역할을 하는 변수들이다. 즉, 데이터들을 종속변수가 같은 것끼리 분류할 때 이 변수들을 이용하면 더 명확하게 분류할 수 있다.

또한 4.3절의 `svmkfold` 함수를 통해 SVM 모형을 만든다. 학습 데이터를 입력해줄 경우 마진을 최대화하는 초평면을 구한다. 이 모형을 통해 새로운 데이터의 종속 변수를 예측할 수 있다. 에칭 공정을 진행하는 도중 실시간으로 데이터가 생성될 때, 각 데이터의 불량 유무를 SVM 모형으로 사전에 예측할 수 있다.

이때 예측 정확도는 약 92.05%가 도출됐다. 이는 변수 선택 방법으로 PCA를 사용했을 때보다 다소 낮은 수치이긴 하지만 거의 차이가 없다. 4.3장에서 정의된 svmkfold 함수에

	X1	X3	X5	X6	X10	X11	X15	X16	X17
1	357.1059	28143.46	16820.37	134.6694	16095.19	26.04990	752.0368	756.3813	97.90950
2	346.8798	26950.33	16389.00	133.5428	15831.18	27.56084	743.1120	773.7016	98.25487
3	346.7185	28413.71	16326.88	129.1347	16369.45	25.82941	744.5004	765.9987	98.15808
4	341.5824	27450.88	15993.65	134.3944	16514.21	26.20417	738.3162	728.7565	101.79381
5	348.2469	28671.88	16685.62	133.8911	16544.32	26.05526	733.5777	741.8377	102.67176
6	361.2987	28390.37	16536.07	133.5349	15690.30	26.49925	753.6095	769.4471	99.69703
7	344.0303	27941.56	16635.61	132.0987	16420.27	26.30325	751.0924	751.6147	100.41759
8	358.3955	27382.93	16721.85	133.3997	16754.84	25.85102	744.2262	757.7253	100.01093
9	340.5627	28420.80	16036.34	137.2583	16693.09	25.42894	744.3414	773.8892	99.12074
10	341.2261	28239.85	16342.29	133.4062	16537.07	26.58303	747.3144	780.8700	98.88846

그림 4.8 **SVM-RFE로 선택된 독립변수**

의하면 정확도는 조금씩 달라질 수 있기 때문에 비슷한 수치라고 보면 된다. 그렇다면 왜 비슷하게 나왔을까? 첫 번째로 주성분 분석과 SVM-RFE가 비슷한 성능을 발휘하기 때문으로 생각할 수 있다. 두 방법 모두 반도체 에칭 공정에 적합한 방법이기 때문에 좋은 성능을 내는 것으로 볼 수 있다. 두 번째로는 분류 모형인 SVM이 좋은 성능을 발휘해 어떤 변수 선택 모형을 사용하든지 좋은 결과가 나타나는 것일 수도 있다. 현재의 데이터에 변수 선택을 하지 않고 SVM 모형을 적용하였을 때 예측 정확도가 대략 92%가 나오는 것을 봤을 때, 현재는 후자의 경우인 것으로 보인다.

제 5 장

SVM 요약 및 결론

이 책에서 SVM의 원리 및 적용 방법에 대해서 살펴보았다. SVM이란 마진을 최대화하는 초평면을 찾는 알고리즘으로서 두 종류의 종속변수를 가지는 데이터를 분류하는 데 적합하다. 마진을 최대화하며 정확도를 향상시키기 때문에 타 알고리즘에 비해 과적합의 문제가 비교적 덜 발생하며 정확도가 높다. 마진을 구하는 과정에서 거리를 계산하기 때문에 각각의 독립변수들이 실수형 변수일 때 사용할 수 있다. 또한 커널 함수를 통해 여러 가지 형태의 데이터에 적용이 가능하지만, 데이터 형태에 맞는 커널 함수를 선택하는 것이 중요하다.

1장에서는 SVM에 대한 전반적인 설명, 2장에서는 SVM을 적용할 분야인 반도체 에칭 공정에 대해 다뤘다. 3장에서는 일반적인 데이터 마이닝 분석 순서에 대해 서술하였고, 변수 선택 방법인 PCA, SVM-RFE 등을 알아보았다. PCA는 고전적이지만 현재까지 자주 쓰이는 변수 선택 방법으로 변수들의 선형 결합을 통해 각각 변수들의 분산을 최대화한다. 또한 SVM-RFE는 SVM을 활용한 변수 선택 방법으로 마진에 영향을 미치지 않는 변수를 차례로 제거한다. 마지막으로 4장에서는 실제 프로그래밍 언어인 R을 이용하여 반도체 에칭 공정에 SVM을 적용해보았다. 정확도가 약 0.92로 높은 값을 가지는 것으로 볼 때, 반도체 에칭 공정에 SVM을 적용하는 것이 적합하다고 판단된다. 또한 생성한 SVM 모형을 사전 예측에 사용할 수 있을 것이라 보인다.

제 6 장

연습 문제

1. PCA는 차원 축소의 목적으로도 사용된다(4.5.1절 참고). (식 4.1)과 같이 전체 변수의 설명력의 70% 이상의 설명력을 가지는 최소 변수의 수를 구하는 R 코드를 작성하고, 차원을 축소하였을 때 SVM에서의 분류 정확도를 구하시오(단, 분류 정확도는 조금씩 달라질 수 있다).
2. 4.3장의 통계적 분류 함수인 `svmkfold` 함수에서 정확도가 조금씩 다르게 나온다. 정확도가 달라지는 원인은 무엇인지 설명하고 정확도가 일정하게 출력되도록 코드를 수정하시오.
3. 연습문제 2의 모범답안을 보고 다음 각각의 경우에 대한 분류 정확도를 구하시오.
   1) 변수 선택 방법으로 4.2.1절의 주성분 분석을 사용한 경우
   2) 변수 선택 방법으로 연습문제 1의 주성분 분석을 사용한 경우
   3) 변수 선택 방법으로 SVM-RFE를 사용한 경우

4) 변수 선택을 하지 않은 경우

4. 4.3장에서 SVM 적용 시 커널 함수는 radial을 사용하였다. 이는 비선형 SVM을 사용하였음을 의미한다. 선형 SVM R 코드를 작성하고 이때의 분류 정확도를 구하시오. 단, 변수 선택 방법으로 4.2.1절의 주성분 분석을 사용하고, 연습문제 2를 참고하여 분류 정확도가 일정한 값을 갖도록 하시오.

5. 커널 함수를 선택하기 위해서는 데이터의 형태를 파악하는 것이 중요하다. 하지만, 독립변수의 수가 많은 경우에는 데이터를 다차원에 표현해야 되기 때문에 데이터의 형태를 파악하는 데 어려움이 따른다. 하지만, 모든 독립변수가 아닌 각각의 독립변수와 종속변수의 관계는 평면 상에 표현할 수 있다. 다시 말하자면, *X*축을 독립변수 중 하나, *Y*축을 종속변수로 하면 각각의 독립변수와 종속변수의 관계를 그래프로 표현할 수 있다. 반도체 에칭 공정의 18개 독립변수 각각에 대해 종속변수와의 관계를 그래프로 나타내는 R 코드를 구현하고, 그래프를 그리시오(R에서 제공하는 plot 함수를 사용하시오).

제 7 장

연습문제 답안

1. PCA는 차원 축소의 목적으로도 사용된다(4.5.1절 참고). (식 4.1)과 같이 전체 변수의 설명력의 70% 이상의 설명력을 가지는 최소 변수의 수를 구하는 R코드를 작성하고, 차원을 축소하였을 때 SVM에서의 분류 정확도를 구하여라(단, 분류 정확도는 조금씩 달라질 수 있다).

모범 답안

차원 축소 PCA R 코드

```
pca = function(svm.data){
  x = svm.data[,-ncol(svm.data)]
  y = svm.data[,ncol(svm.data)]
  pc = prcomp(x, scale = TRUE)

  k = 0
  R = 0
  while(R < 0.7){
    k = k + 1
    R = sum(pc[[1]][1:k])/sum(pc[[1]])
  }
```

```
  selectedData = cbind(pc[[5]][1:nrow(svm.data),
    ➥ 1:k], y)
  return(selectedData)
}
```

```
k = 0
  R = 0
  while(R < 0.7){
    k = k + 1
    R = sum(pc[[1]][1:k])/sum(pc[[1]])
  }
```

위 식을 통해 설명력인 R이 0.7이 될 때까지 선택할 변수의 수인 k를 증가시킨다. 또, 주성분 분석으로 생성된 변수 중 k개만 선택하기 위해 `selectedData = cbind(pc[[5]][1:nrow(svm.data), 1:k], y)`를 수정하면 된다. 변수 선택을 위와 같이 수정하고, `svmkfold` 함수를 적용했을 때 정확도가 약 92.6%가 나온 것으로 보아 큰 차이가 생기지 않았음을 알 수 있다.

2. 4.3장의 통계적 분류 함수인 svmkfold함수에서 정확도가 조금씩 다르게 나온다. 정확도가 달라지는 원인은 무엇인지 설명하고 정확도가 일정하게 출력되도록 코드를 수정하시오.

모범 답안

svmkfold 함수에서 학습 집합과 검증 집합으로 나눌 때 데이터를 무작위로 섞는다. 이 무작위로 섞는 방법이 함수를 적용할 때마다 달라지기 때문에 학습 집합과 검증 집합이 매번 바뀌게 된다. 그 결과, 분류 정확도 또한 다르게 출력되는 것이다. 아래의 코드 중 randData = selectedData[sample(n),] 때문에 정확도가 일정하게 출력되지 않는 것이다.

```
## 학습데이터와 검증데이터로 분류
n = nrow(selectedData)
randData = selectedData[sample(n),]
num = round(n*0.7)
trainingData = randData[1:num,]
validationData = randData[(num+1):n,]
```

이를 해결하기 위해서는 randData = selectedData[sample(n),] 위에 랜덤숫자를 일정하게 생성하는 코드를 만들면 된다. 아래와 같이 수정하면 항상 같은 값을 얻도록 바꿀 수 있다.

```
## 학습데이터와 검증데이터로 분류
n = nrow(selectedData)
set.seed(123)
randData = selectedData[sample(n),]
num = round(n*0.7)
trainingData = randData[1:num,]
validationData = randData[(num+1):n,]
```

3. 연습문제 2의 모범답안을 보고 다음 각각의 경우에 대한 분류 정확도를 구하시오.

1) 변수 선택 방법으로 4.2.1절의 주성분 분석을 사용한 경우

2) 선택 방법으로 연습문제 1의 주성분 분석을 사용한 경우

3) 변수 선택 방법으로 SVM-RFE를 사용한 경우

4) 변수 선택을 하지 않은 경우

모범 답안

1) 92.82%

2) 92.05%

3) 92.31%

4) 92.31%

변수 선택 방법만 경우에 맞게 선택해주고, 아래 코드 중 첫 번째 코드를 사용하여 통계적 분류 함수인 svmkfold를 적용한다. 단, 마지막 경우는 변수 선택을 하면 안 되므로 아래 코드 중 두 번째 코드를 사용해야 된다.

```
##### 통계적분류(Classification) #####
>accuracy = svmkfold(selectedData)

>accuracy = svmkfold(svm.data)
```

4. 4.3장에서 SVM 적용 시 커널 함수는 radial을 사용하였다. 이는 비선형 SVM을 사용하였음을 의미한다. 선형 SVM R 코드를 작성하고 이때의 분류 정확도를 구하시오. 단, 변수 선택 방법으로 4.2.1절의 주성분 분석을 사용하고, 연습문제 2를 참고하여 분류 정확도가 일정한 값을 갖도록 하시오.

모범 답안

선형 SVM R코드

```
##### 통계적 분류(Classification) 함수 #####

svmkfold = function(selectedData){

  ## 학습데이터와 검증데이터로 분류
  n = nrow(selectedData)
  set.seed(123)
  randData = selectedData[sample(n),]
  num = round(n*0.7)
  trainingData = randData[1:num,]
  validationData = randData[(num+1):n,]

  ## SVM 모형학습
  x = trainingData[,-ncol(trainingData)]
  y = trainingData[,ncol(trainingData)]
  svmModel = svm(x, y, scale = T, cross=10,
    ➥type="C-classification",kernel = "linear")

  ## SVM 모형을 통한 예측 및 정확도 검증
  svmpred = predict(svmModel, validationData[,-
    ➥ncol(validationData)])
```

```
  errorvector = abs(as.numeric(validationData[,nco
    ➥l(validationData)])
                    - as.numeric(svmpred) + 1)
  errorrate = sum(errorvector)/
    ➥nrow(validationData)
  accuracy = 1 - errorrate
  return(accuracy)
}
```

기존의 SVM 코드에서 밑줄 친 부분인 kernel = "linear"를 바꿔주면 된다. 다른 비선형 SVM을 사용하고 싶은 경우에도 밑줄 친 부분을 수정해야 한다.

- 선형 SVM: `kernel = "linear"`
- 비선형 SVM
  - » 다항 함수: `kernel = "polynomial"`
  - » 방사형 함수: `kernel = "radial"`
  - » 시그모이드 함수: `kernel = "sigmoid"`

이때 정확도는 93.33%로 비선형 SVM을 사용했을 때보다 더 좋은 결과를 얻을 수 있었다.

5. 커널 함수를 선택하기 위해서는 데이터의 형태를 파악하는 것이 중요하다. 하지만, 독립변수의 수가 많은 경우에는 데이터를 다차원에 표현해야 되기 때문에 데이터의 형태를 파악하는 데 어려움이 따른다. 하지만, 모든 독립변수가 아닌 각각의 독립변수와 종속변수의 관계는 평면 상에 표현할 수 있다. 다시 말하자면, *X*축을 독립변수 중 하나, *Y*축을 종속변수로 하면 각각의 독립변수와 종속변수의 관계를 그래프로 표현할 수 있다. 반도체 에칭 공정의 18개 독립변수 각각에 대해 종속변수와의 관계를 그래프로 나타내는 R 코드를 구현하고, 그래프를 그리시오(R에서 제공하는 plot 함수를 사용하시오).

모범 답안

그래프를 나타내는 R 코드

```
dataplot = function(svm.data) {
  x = svm.data[,-ncol(svm.data)]
  y = svm.data[,ncol(svm.data)]

  for(i in 1:ncol(x)){
    xyset = cbind(x[i], y)
    plot(xyset)
  }
}
```

xyset은 한 독립변수와 종속변수를 결합한 데이터이다. 이 데이터에 plot함수를 사용하면 두 변수의 관계가 그래프에 나타난다. 반도체 공정의 18개 독립변수 각각에 대한 그래프가 도출되며, 이는 우측 하단의 plot 창에서 볼 수 있다. 각각의 독립변수와 종속변수에 대한 그래프는 아래와 같다.

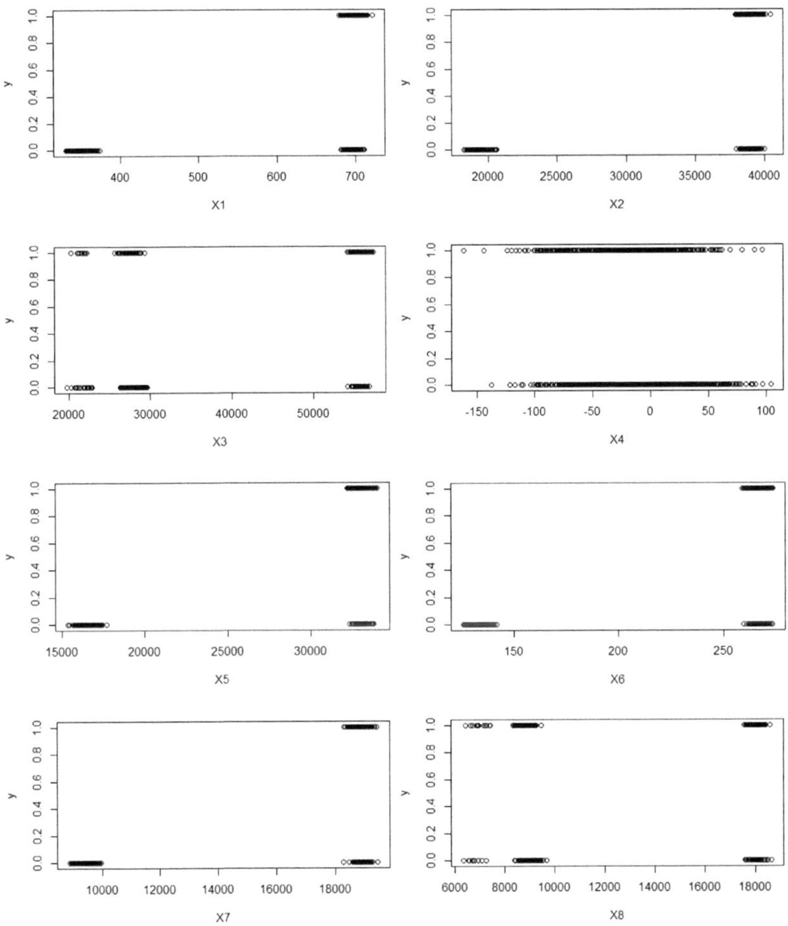

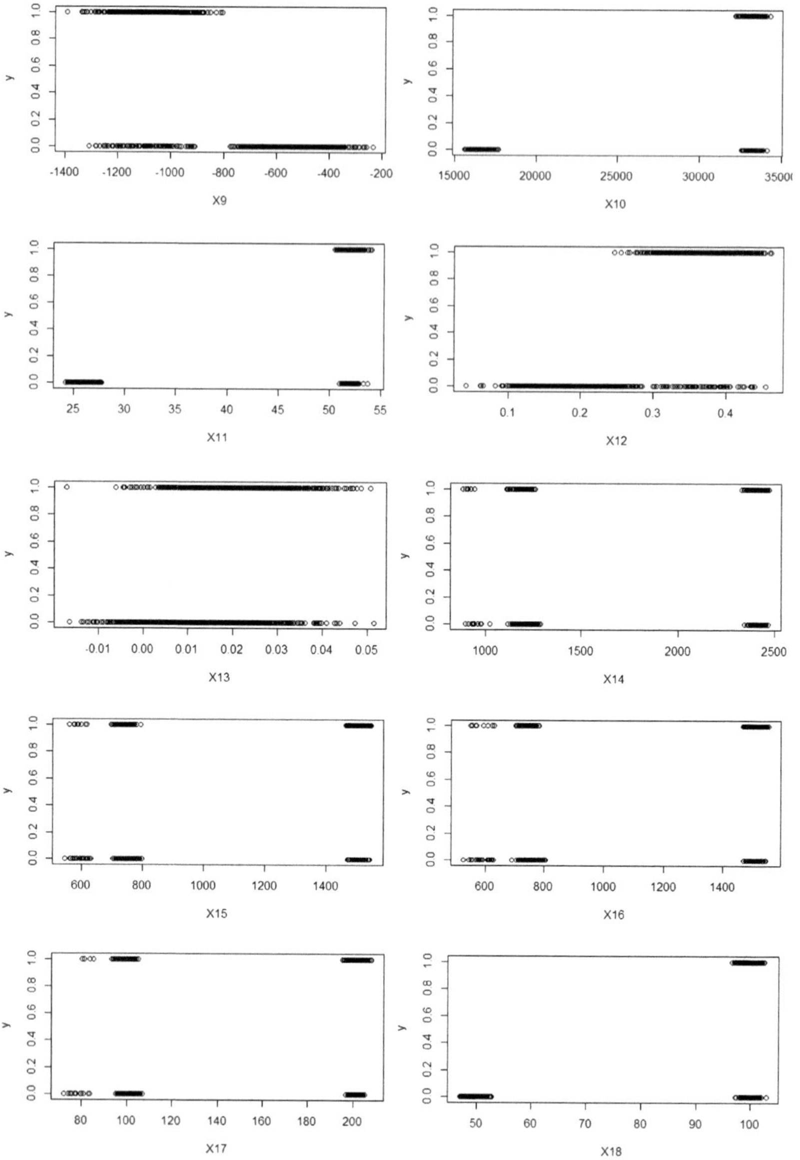
X9
X10
X11
X12
X13
X14
X15
X16
X17
X18
y

부 록

참고문헌

[1] Berndt, D. J., & Clifford, J. (1994). Using Dynamic Time Warping to Find Patterns in Time Series. In *KDD workshop*, *10*(6), 359-370.

[2] Burrus, C. S., Gopinath, R. A., Guo, H., Odegard, J. E., & Selesnick, I. W. (1998). *Introduction to Wavelets and Wavelet Transforms: A Primer* (Vol. 23). New Jersey: Prentice hall.

[3] Cortes, C., & Vapnik, V. (1995). Support-vector networks. *Machine learning*, *20*(3), 273-297.

[4] Geladi, P., & Kowalski, B. R. (1986). Partial least-squares regression: a tutorial. *Analytica chimica acta*, *185*, 1-17.

[5] Guyon, I., Weston, J., Barnhill, S., & Vapnik, V. (2002). Gene selection for cancer classification using support vector machines. *Machine learning*, 46(1-3), 389-422.

[6] Ko, J. M., Hong, S. R., Choi, J. Y., & Kim, C. O. (2013). Wafer-to-wafer process fault detection using data stream mining techniques. *International Journal of Precision Engineering and Manufacturing*, 14(1), 103-113.

[7] Mahadevan, S., & Shah, S. L. (2009). Fault detection and diagnosis in process data using one-class support vector

machines. *Journal of Process Control*, 19(10), 1627-1639.

[8] Pearson, K. (1901). Principal components analysis. *The London, Edinburgh, and Dublin Philosophical Magazine and Journal of Science*, 6(2), 559.

[9] Peng, H., Long, F., & Ding, C. (2005). Feature selection based on mutual information criteria of max-dependency, max-relevance, and min-redundancy. *Pattern Analysis and Machine Intelligence, IEEE Transactions on*, 27(8), 1226-1238.

[10] Sakoe, H., & Chiba, S. (1978). Dynamic programming algorithm optimization for spoken word recognition. *Acoustics, Speech and Signal Processing, IEEE Transactions on*, 26(1), 43-49.

[11] Shensa, M. (1992). The discrete wavelet transform: wedding the a trous and Mallat algorithms. *Signal Processing, IEEE Transactions on*, *40*(10), 2464-2482.

[12] Wold, H. (1966). Estimation of principal components and related models by iterative least squares. *Multivariate analysis*, 1, 391-420.

찾아보기